TROTSKI
DIANTE DO SOCIALISMO REAL
PERSPECTIVAS PARA O SÉCULO XXI

Carlos Eduardo Rebello de Mendonça

TROTSKI
DIANTE DO SOCIALISMO REAL
PERSPECTIVAS PARA O SÉCULO XXI

Carlos Eduardo Rebello de Mendonça

Copyright © 2010 Carlos Eduardo Rebello de Mendonça

Direitos desta edição reservados à EDITORA FGV
Rua Jornalista Orlando Dantas, 37
22231-010 | Rio de Janeiro, RJ | Brasil
Tels.: 0800-021-7777 | 21-3799-4427
Fax: 21-3799-4430
E-mail: editora@fgv.br | pedidoseditora@fgv.br
www.fgv.br/editora

Todos os direitos reservados. A reprodução não autorizada desta publicação, no todo ou em parte, constitui violação do copyright (Lei nº 9.610/98).

Os conceitos emitidos neste livro são de inteira responsabilidade do autor.

Grafia atualizada segundo o Acordo Ortográfico da Língua Portuguesa, em vigor no Brasil desde 2009.

Impresso no Brasil | *Printed in Brazil*

1ª edição – 2010

PREPARAÇÃO DE ORIGINAIS: Daniel Seidl e Daniela Duarte

REVISÃO: Adriana Alves e Marco Antonio Corrêa

PROJETO GRÁFICO DE CAPA E MIOLO: Leo Boechat

IMAGEM DA CAPA: Lenin e Trotski na celebração do 2º aniversário da Revolução de Outubro, Praça Vermelha (David King Collection, London).

**Ficha catalográfica elaborada pela
Biblioteca Mario Henrique Simonsen / FGV**

Mendonça, Carlos Eduardo Rebello de.
   Trotski diante do socialismo real / Carlos Eduardo Rebello de Mendonça. – Rio de Janeiro : Editora FGV, 2010.
   198 p.

   Inclui bibliografia e anexos.
   ISBN: 978-85-225-0821-1

   1. Socialismo. 2. Trotski, Leão, 1879-1940. I. Fundação Getulio Vargas. II. Título.

CDD – 335

A Cristina
A meu tio Martiniano, *in memorian*

SUMÁRIO

Introdução – Sobre este trabalho e sua relevância   9

    Sociologia e política   10

    Pode o subalterno falar?   15

    Política e moral   23

I   Trotski diante da sucessão de Lenin   39

II   Trotski, o stalinista fracassado? O debate sobre a militarização do trabalho e os sindicatos   63

III   "O novo curso", ou a legitimidade da burocracia   87

IV   A Oposição Unida e o destino do bolchevismo   99

V   Termidor   123

VI   Revolução política e democracia soviética: o socialismo de Trotski em seus últimos anos   145

VII A natureza de classe do Estado soviético na última polêmica de Trotski   163

Conclusão – A dialética, o regime stalinista e as perspectivas do socialismo   173

Referências   179

Guia cronológico   189

Glossário   193

INTRODUÇÃO
Sobre este trabalho e sua relevância[*]

Após cada uma destas mutações sucessivas, havia-se dito que a Revolução Francesa, havendo concluído o que se chamava presunçosamente de sua obra, havia terminado: esperava-se e dizia-se. Ai de mim! Eu mesmo havia esperado tal durante a Restauração, e mesmo depois da sua queda; e eis a Revolução Francesa que recomeça, pois ela é sempre a mesma. À medida que avançamos, seu termo afasta-se e se torna nebuloso. Chegaremos, como nos asseguram outros profetas (...), a uma transformação social mais completa e profunda do que a que previram e desejaram nossos pais, e que nós mesmos não podemos conceber? Ou chegaremos àquela anarquia intermitente, crônica e incurável, bem conhecida dos velhos povos? Quanto a mim, não posso dizê-lo, ignoro quando terminará esta longa viagem; canso-me de tomar pela margem as nuvens enganadoras, e pergunto-me frequentemente se de fato existe esta terra firme que tanto procuramos, ou se nosso destino não é o de singrarmos eternamente o mar!

Tocqueville, 1978:117-118.

---

[*] Agradeço a colaboração de Lydia Mascarenhas e Cintia Lopes Barros.

Sociologia e política

Este livro não é a biografia de Trotski nem a história da URSS ou do Partido Bolchevique. Não é "histórico", na medida em que a busca pelo fato não é um fim em si mesmo. A intenção é problematizar o passado, estabelecendo situações-modelo para que se possa pensar o presente.

Ao redigir seu ensaio sobre Lenin, já com o século XXI iniciado, Slavoj Žižek (2005:341) chamava a atenção para o fato de que "repetir" Lenin — explorar as possibilidades concretas abertas pela experiência da Revolução Russa — implicaria abandonar a ideia de que a Revolução Bolchevique se encontre fora de sincronia com nosso tempo histórico, em favor da ideia de que é *o nosso tempo histórico* que se encontra fora de sincronia das tarefas históricas que pôs a si mesmo — daí a necessidade de um retorno a 1917 ou, mais exatamente, às soluções propostas pela Revolução Russa a certos impasses políticos de ontem e de hoje.

Aquilo que dá a medida da importância da Revolução Russa em seu tempo histórico é o fato de ela haver rompido claramente com as expectativas do marxismo hegemônico à época (o da social-democracia alemã, principalmente). Para este marxismo, o simples desenvolvimento econômico capitalista, ao incorporar as massas ao processo produtivo, seria capaz de dotá-las com os recursos políticos necessários para se elevarem à condição de sujeitos políticos; o socialismo seria o produto do aprofundamento, mais ou menos autômato, dos mecanismos usuais de representação política da democracia liberal. O que fez a importância histórica do bolchevismo foi o fato de que ele foi capaz de apontar para a necessidade de uma ruptura clara e direta com a política da democracia burguesa para que o projeto político socialista se tornasse pensável. Segundo Rosa Luxemburgo, o mérito do bolchevismo consistiu em ter *ousado* ir além das ideias recebidas da época, de haver visto na democracia burguesa um obstáculo ao socialismo, e não uma precondição.

Diante da monumental derrota para o socialismo que foi a eclosão da I Guerra Mundial, em vez de esperar que as condições democráticas "normais" fossem restabelecidas para que a classe operária recomeçasse o mesmo movimento de acumulação de reformas em direção ao socialismo, Lenin, Trotski e seus companheiros propuseram o rompimento com o fetiche da democracia burguesa: à maneira de Nietzsche (2007:224), eles professaram que, em lugar de propor "deixar os mortos enterrarem os vivos" — ou seja, continuar a pensar em termos de um reformismo e um gradualismo obsoletos —, tratava-se de perceber que a revolução não poderia "começar seu próprio trabalho senão descartando o respeito supersticioso pelo passado"[1] e passando à ação revolucionária direta.

O respeito supersticioso às formas do passado e a crença em sua inevitabilidade — "quando as estrelas ocuparem a mesma posição em relação umas às outras (...) César será assassinado, e de novo será descoberta a América"[2] — não se tornam menos nocivos quando as forças produtivas passam a fazer as vezes das antigas configurações astrológicas. A crença na democracia burguesa como um *nec plus ultra*, um universal kantiano, suscitada necessariamente pelo desenvolvimento capitalista, cegou a social-democracia europeia de 1914 e agora cega a esquerda do século XXI. Assim como o fetiche democrático serviu para legitimar em 1914 a guerra imperialista ("fazer o mundo seguro para a democracia", na frase de 1917 do presidente americano Woodrow Wilson),[3] hoje ele serve, do mesmo modo, para legitimar o genocídio, a guerra colonial, o racismo, a tortura e a negação do direito de asilo. De certa forma, G. W. Bush expressou a verdade por meio de um ato falho quando declarou, num discurso em 2004, que "nossos inimigos nunca cessam de pensar em maneiras de prejudicar nosso

---

[1] Marx, 1977:149.
[2] Nietzsche, 2007:224.
[3] Disponível em: <www.historymatters.gmu.edu/d/4943/>. Acesso em: maio 2010.

país e nosso povo... e nós também".[4] Como lembrava M. I. Finley (1996:10) nos anos 1970, a maior ameaça à preservação do que existe de efetivamente democrático na política liberal-burguesa está menos na rejeição direta do mesmo ideal democrático do que nas tentativas "equivocadas" (i.e., ideológicas) de salvá-lo.

O grande problema não é sair do historicismo marxista convencional para cair num voluntarismo político extremo, e sim entender o erro fundamental desse historicismo: no marxismo vulgar, a política funciona como um simples reflexo da economia, como a realização *ex post* do que foi produzido *ex ante* no campo econômico. Esse historicismo, no entanto, é desmentido pela evidência concreta: os mesmos processos econômicos, em diferentes circunstâncias, podem gerar consequências políticas totalmente diversas. O que fez o bolchevismo para resolver esse enigma em termos práticos, sem abandonar o campo do marxismo e cair num mero culto aos homens superiores?[5] Rompeu com a ideia, cara ao marxismo vulgar, de uma relação unívoca entre o econômico e o político. Para o leninismo de 1917, a política é a "economia concentrada", e, apesar de não poder agir senão com os materiais econômicos previamente existentes, é ela que lhes dá uma direção, um sentido definido — e precisamente por isso é que economia e política constituem uma totalidade.

Na interpretação do conceito de "revolução permanente", que fizemos em outro lugar, procuramos sublinhar que, para o jovem Trotski, o importante era afirmar que os elementos efetivamente democráticos da revolução burguesa não podiam ser considerados um "ativo permanente", algo para sempre estabelecido: a economia capitalista

---

[4] *They never stop thinking about new ways to harm our country and our people — and neither do we.* Disponível em: <http://news.bbc.co.uk/2/hi/americas/3541706.stm>. Acesso em: maio 2010.

[5] Isaac Deutscher, em sua biografia de Trotski, rejeitava a importância que seu biografado dava ao papel decisivo de Lenin em 1917 precisamente por essa razão. "(...) se a maior revolução de todos os tempos não pudesse ter ocorrido na ausência de um determinado líder, então o culto da liderança não seria absurdo" (Deutscher, 2003c:198).

real encontra-se associada a tantos elementos de atraso político, que examinar de perto esta associação levou Trotski à conclusão de que a salvação última da ideia democrática estava, *in extremis*, na revolução proletária. Do mesmo modo, para o Trotski mais maduro dos anos 1920, o stalinismo será o produto do atraso russo, o preço a pagar por a Revolução de Outubro ter-se realizado "contra o capital", na expressão de Gramsci. Mas disso não decorre que a superação do stalinismo se dê pelo simples desenvolvimento econômico. Essa superação teria de ser uma tarefa propriamente *política*, uma recuperação do que havia de efetivamente democrático no bolchevismo — tarefa que se encontrava no futuro político, e não no passado econômico.

O senso comum reacionário, propagado por meio dos clichês jornalísticos da mídia burguesa, fez do stalinismo defunto a base de um conto moral de *mise en garde*: como se o desejo de transformar a sociedade de forma consciente fosse sempre a expressão de um *animus* autoritário que necessariamente resulta num projeto político totalitário e, portanto, as formas da democracia burguesa devem ser manejadas como um imperativo categórico, aplicáveis a todos os problemas, em quaisquer circunstâncias, mesmo que pouco ou nada resolvam concretamente. A manipulação sofística dos escritos de Trotski teve um certo papel nisto. Em sua biografia inacabada de Stalin, Trotski considerou que, diante das práticas do stalinismo, o "Estado sou eu" de Luís XIV era quase um slogan liberal.[6] No entanto, por mais que Trotski tenha atacado Stalin como seu adversário político concreto, ele, como marxista, jamais deixou de lado o conceito do stalinismo como forma específica de expressão política de um regime social *geral* — a ditadura do proletariado —, mas não sua forma obrigatória. Entender as circunstâncias históricas específicas que fizeram o stalinismo existir, para ele, implicava estabelecer os mecanismos por meio dos quais o stalinismo poderia ser futuramente superado e evitado.

---

[6] Deutscher, 2003c:369.

Se, como dizia Imre Lakatos (1986), o teste de cientificidade de uma doutrina consiste em, a partir de seu núcleo duro conceitual, ser capaz de fazer predições acuradas,[7] o prognóstico geral de Trotski sobre o futuro histórico do stalinismo — ou a derrubada por uma revolução política que preservaria as bases socialistas do projeto soviético, ou então a restauração capitalista — representou uma validação, em sua correção surpreendente, da cientificidade do método marxista. Só que essa previsão realizou-se, concretamente, pela sua segunda alternativa, isto é, como uma derrota do projeto político trotskista. Daí sua ambiguidade: a vitória científica do marxismo de Trotski validou sua acuidade como pensador político teórico ao preço de sua derrota como político prático. Isso faz com que tenhamos de admitir que, parafraseando Žižek (2005:341) a respeito de Lenin, "repetir" — ou, mais exatamente, *continuar* — Trotski é partir daquilo que ele *não* conseguiu fazer em seu tempo, é criar uma alternativa política ao stalinismo na medida das necessidades concretas da esquerda de hoje.

Em algum lugar, Trotski disse que, quanto às leis gerais de movimento do modo de produção capitalista, Marx havia acertado em tudo o que era realmente importante: a crise econômica endêmica, a substituição do trabalho vivo pelo capital, a precarização generalizada do trabalho (pauperização); e, que nesse sentido, os prognósticos de *O capital* apenas aprofundavam os do *Manifesto comunista*. Como o próprio Trotski reconheceu em 1938, a correção dessa previsão impunha a *ausência* de um sujeito revolucionário putativo: o proletariado lumpenizado, globalizado e descartável do século XXI não tem à disposição os recursos políticos do proletariado fabril dos séculos XIX e XX. Isso cria o problema apresentado por Žižek (2005:208): se

---

[7] Lakatos (1986:6), ao negar a cientificidade do marxismo, dizia que os marxistas conseguiam explicar todos os seus erros de prognóstico, mas que com isso conseguiam apenas proteger sua teoria dos fatos. Nos termos de Lakatos, portanto, Trotski teria estabelecido essa cientificidade ao usar o marxismo para fazer uma previsão ousada e chocante — que se mostrou verdadeira quase meio século após sua morte.

objetivamente o proletariado está desaparecendo, é inútil esperar que ele se ponha de pé por si mesmo, senão por meio da busca por algum mecanismo que consiga suprir sua posição subjetiva, se não quisermos que o declínio do capitalismo repita o do escravismo, que se soldou na regressão econômica e cultural do Ocidente.

A importância da obra de Trotski — especialmente aqui, de sua descrição do socialismo real — encontra-se no fato de poder ser entendida não mais apenas como a descrição do término de um processo histórico objetivo, mas como o ponto de partida de uma disposição subjetiva de reconstrução do projeto socialista. Ela é uma sociologia do stalinismo em processo de converter-se numa política para a reconstrução do projeto socialista.

Pode o subalterno falar?

A falência do projeto stalinista não foi seguida, nos anos 1990, por um "fim da história" em que a democracia burguesa dominaria pacificamente as consciências, mas sim por um ascenso de lutas políticas desesperadas de reação à penetração imperialista, nas quais a ausência de uma *Weltanschauung* socialista resultou na revalorização e na atualização de ideologias arcaicas e supostamente superadas pelo processo histórico pretérito: fundamentalismos religiosos e nacionalismos nativistas de base étnica, em que o desejo subjetivo de resistência deixou de apoiar-se na classe para apoiar-se na identidade. De acordo com o que dizia Trotski nos anos 1930, o desenvolvimento de uma gaiola imperialista globalizada mostrou-se, principalmente a partir de 11 de setembro de 2001, tão instável quanto o Tratado de Versalhes. Podemos lembrar também o que J. P. Sartre escreveu, nos anos 1950, sobre o marxismo ser o "horizonte filosófico inultrapassável do nosso tempo". As tentativas de pular o projeto marxista, longe de resultarem na hegemonia inconteste da versão liberal-burguesa do Iluminismo, acarretaram o retorno às ideologias pré-iluministas, à crença nas verdades reveladas e nas tradições nacionais.

Paradoxalmente, tais desenvolvimentos levaram à revalorização da velha literatura acusatória sobre os experimentos socialistas, a novas ondas de vilificação da Revolução Russa, das quais os expoentes são as recentes obras de síntese sobre a história soviética (aliás, as únicas a receberem a distinção de uma tradução no Brasil) escritas, durante a década de 1990, pelo sovietólogo e consultor do Pentágono Richard Pipes e por seu epígono britânico Orlando Figes. Duas obras que têm em comum o reacionarismo extremo, que um crítico de esquerda poderia considerar "banal", mas que não o é, na medida em que é o entendimento do caráter específico deste reacionarismo que permite uma passagem, sem solução de continuidade, de um universo mental moderno a outro pós-moderno.

No auge da Guerra Fria existia toda uma literatura anticomunista que se dedicava principalmente à crítica intelectual do marxismo, à sua representação como duplo degradado do projeto das Luzes, a uma tentativa de caracterização do empreendimento soviético como um sonho legítimo de reforma social em larga escala que, no entanto, falhara por causa de suas deficiências intelectuais. O socialismo, nessa literatura que vai de Raymond Aron a W. W. Rostow, é apresentado como um projeto de modernização fracassado, mas ainda assim com inegável paternidade iluminista. Na nova literatura histórica anticomunista, a crítica ao Iluminismo degradado desaparece, e o estudo da Revolução Russa surge como uma variedade de orientalismo (no sentido dado por E. W. Said): a representação de um "outro" generalizado, ontologicamente perverso e irremediavelmente monstruoso.

Um dos críticos acadêmicos de Richard Pipes considerou que ele se aproxima da Revolução Russa tal qual um promotor que não tem preocupação, ou interesse objetivo, em apresentar o acusado de forma a que as razões de suas ações sejam humanamente compreensíveis, sublinhando apenas seu caráter doloso.[8] Mas é mais do que isso: Pipes quer colocar no banco dos réus não só a Revolução Russa, mas a história russa e soviética em sua totalidade, caracterizando-as como uma contrafação enganosa, uma não história que pretende, fraudulentamente, ser o inverso do que é.

Geralmente, os historiadores da Revolução Russa não são os do tsarismo, que aparece, para a historiografia de esquerda, como o pano de fundo a partir do qual a revolução emerge e produz os fatos verdadeiramente importantes: o atraso abre passagem para as Luzes. Os historiadores do tsarismo, de modo geral conservadores, centram-se, na maior parte das vezes, nas realizações concretas do Antigo Regime e tratam a Revolução como um lamentável equívoco, o produto de uma conjugação de acidentes infelizes que desviaram a história russa de sua autenticidade e suas tradições. Richard Pipes, nesse ponto, é uma anomalia: é historiador, indistintamente, do Antigo Regime e da Revolução. Daí a especificidade de sua linha narrativa — inspirada provavelmente na interpretação da Revolução Francesa de Tocqueville —, que consiste em diminuir a Revolução postulando sua continuidade fundamental com o Antigo Regime, apenas de modo um pouco diverso do tocquevilliano.

Em *O Antigo Regime e a Revolução*, Tocqueville, que era de certa forma o herdeiro intelectual do duque de Saint-Simon, com sua antipatia aos funcionários e aos bastardos de Luís XIV, e das várias oposições aristocráticas a Luís XV — inclusive de um pensador iluminista, Montesquieu —, faz da Revolução Francesa apenas a última das "usurpações" impostas pelo Estado absolutista burocrático francês às antigas liberdades aristocráticas; uma "usurpação" produzida pelo suicídio político da própria monarquia que, ao afastar os nobres do poder, perdeu sua razão de ser e legitimidade. Tratava-se de um Iluminismo conservador, penetrado pelas tradições do parlamentarismo

---

[8] Kenez, 1991:350.

inglês, mas, ainda assim, um Iluminismo. Uma versão tocquevilliana da Revolução Russa seria a exaltação do poder civilizatório das elites russas ilustradas do século XIX, aristocráticas e não aristocráticas, e um lamento pela sua incapacidade de se oporem à barbárie do Estado autocrático bizantino/asiático tsarista e bolchevista, ambos apoiados em hordas de mujiques (ou proletários) bêbados e popes (ou comissários) fanáticos e histéricos. Em outras palavras, uma justificação *ex post* do ocidentalismo russo novecentista *versus* a eslavofilia contemporânea dos velhos crentes da ortodoxia e da autocracia, de Tolstoi contra Dostoievski.

Não é essa, no entanto, a linha narrativa de Richard Pipes. Ele faz de toda a história russa a história de um despotismo oriental ("patrimonial") na qual tudo e todos não foram mais do que escravos e instrumentos privados do déspota e na qual, não existindo a propriedade privada em sua forma estrita, não havia classes, grupos de interesse definidos, sociedade civil ou mesmo historicidade: apenas uma sucessão de camarilhas despóticas lutando confusamente por um butim. Em outras palavras, a narrativa de Richard Pipes é um pasticho de Dostoievski. Kenez (1991:346) chama a atenção para uma inconsistência: se tudo e todos estão no mesmo plano e saco, não haveria razão alguma para preferir Nicolau II a Lenin... Mas aí entra outro elemento narrativo. Para Richard Pipes, Nicolau II era um medíocre absoluto, uma nulidade política, e *exatamente essa nulidade* (a do déspota imbecilizado trancado em seu palácio) tornava-o uma figura benevolente e, pois, preferível ao usurpador bolchevique, que pertencia à raça detestável dos intelectuais, que queriam (entra aí um tropo tirado do Burke de *Reflexões sobre a Revolução em França*) transformar a sociedade de acordo com um plano racional, fazendo tábula rasa das tradições acumuladas (se bem que, numa sociedade ontologicamente despótica, o que essas tradições poderiam ter de positivo?).

Essa narrativa não precisa de qualquer consistência senão da de servir a uma combinação especialmente perversa: a das categorias ideológicas do discurso pró-mundo livre da Guerra Fria, mas dessa vez combinadas ao orientalismo novecentista atualizado numa ambiência pós-moderna. O discurso pró-Estados Unidos da Guerra Fria, *stricto sensu*, era basicamente um marxismo historicista (ou, mais exatamente, um stalinismo) de sinal trocado, no qual toda a história humana tinha como objetivo generalizar a economia de mercado e no qual a democracia burguesa era o reino da liberdade, o "fim da história". Essa é a linha vermelha que vai de W. W. Rostow a Francis Fukuyama. Em Richard Pipes, no entanto, exatamente essa grande narrativa é rejeitada, na medida em que a Rússia aparece *à margem*, como uma sociedade "a-histórica", que, portanto, não podendo fazer sua própria história, terá uma história feita à sua revelia.

Como lembra outro comentador de Richard Pipes, o historiador americano Ronald Suny, na historiografia pós-moderna da Revolução Francesa, iniciada por François Furet, a rejeição da "revolução burguesa" como "grande narrativa" tinha um viés conservador, pois questionava a tentativa da historiografia pró-jacobina e marxista da revolução em reduzir os acontecimentos reais ao desenrolar de um processo democrático e emancipatório, o que faria com que a descrição do realmente acontecido, na historiografia até então canônica, não se distinguisse dos escritos dos próprios líderes jacobinos.[9] No caso da Revolução Russa, ao contrário, a desvalorização da "grande narrativa" servira, na ambiência da academia americana dos anos 1970, a um desiderato de esquerda, na medida em que suscitou uma *história social* que situou as massas e suas aspirações espontâneas, e não mais os líderes bolcheviques, no centro da cena, em que se percebia o discurso revolucionário bolchevique tratando de adaptar-se a essas aspirações, e não o contrário. Mas se no caso do conservadorismo francês a rejeição da narrativa canônica era um modo de revalorizar as narrativas rivais dos grupos revolucionários mais moderados (os *feuillants*,

---

[9] Cf. Suny, 1994:166.

os girondinos, os termidorianos), para a reação americana, no caso de 1917, era importante colocar o discurso bolchevique no centro de tudo para legitimar uma rejeição completa da Revolução Russa, assim como negar aos russos, vistos como criaturas movidas por "cólera, inveja e ressentimentos de todo tipo imaginável",[10] a possibilidade de se elevar ao nível de sujeitos do discurso racional, a não ser como uma paródia desse discurso.

Tal atribuição de qualquer movimento de rejeição da ordem social vigente a agitadores com sede de poder, aliás, remete à afirmação de outro intelectual e técnico de legitimação eminente citado por Said: o ex-secretário de Estado Henry Kissinger, que afirmava, num livro de 1974, que os subdesenvolvidos ainda não haviam passado pela revolução newtoniana e, por conseguinte, não teriam descoberto a realidade empírica como algo externo ao observador. Said cita ainda um especialista aposentado do Departamento de Estado que, num artigo de 1972 publicado no *American Journal of Psychiatry*, concluía, a partir de um estudo superficial de estatísticas criminais (de 1969!) divulgado num jornal egípcio, que o "sistema árabe de valores" baseia-se numa necessidade de vingança que suplanta qualquer coisa...[11] Tais generalizações, apoiadas em dados isolados destacados do contexto concreto, apontam para um objetivo claro: é preciso destituir o outro de sua história para legitimar a dominação sobre ele. Que este outro seja russo ou árabe, é irrelevante. Não à toa, o filho de Richard Pipes, Daniel, é um orientalista *stricto sensu*, tristemente conhecido por sua islamofobia raivosa e por ser fundador do não menos notório Campus Watch, ONG que se dedica ao assédio moral a acadêmicos que se oponham ao *lobby* pró-sionista.

Os "civilizados" têm história, os "bárbaros" têm genética.[12] Exatamente por isso, a história russa de Richard Pipes é orientalismo puro,

---

[10] Pipes apud Suny, 1994:171.
[11] Apud Said, 1990:57-59.
[12] Said, 1995:308.

Introdução 21

pois para ele o russo é o outro a-histórico que jamais poderá assumir a condição de sujeito de sua própria realidade — algo que liga Pipes, paradoxalmente, ao que existe de pior no marxismo, à sua *Weltanschauung* originariamente eurocêntrica e até etnocêntrica. Trata-se do eurocentrismo que havia permitido a Engels, após a Revolução de 1848, fazer considerações sobre os povos "vivos", capazes de "atividade histórica" (no caso austro-húngaro, os alemães, os húngaros e os poloneses) e revolucionária, contra as "ruínas de povos" (especialmente os eslavos), cuja existência era em si um protesto contra a história e cujo único traço de união era a submissão ao chicote russo...[13]

Em dado momento, o marxismo, principalmente por intermédio de Lenin, percebeu que não poderia ser efetivamente revolucionário se não articulasse a emancipação do proletariado às nacionalidades oprimidas.[14] Essa é a questão discursiva (e não *apenas* discursiva) de que se trata aqui. O pensamento reacionário, à maneira de Richard Pipes, tem como traço distintivo precisamente a hierarquia discursiva, que diferencia entre um sujeito e um subalterno — um "outro" ao qual é negada a fala — como reconhecimento da legitimidade do sujeito do suposto saber. A Revolução Russa, mais do que um simples acontecimento histórico, é a expressão histórica dessa alteridade. A questão que ela nos expõe é exatamente aquela formulada por um autor pós-colonial, Spivak: o subalterno pode falar?

O reacionarismo de Richard Pipes, americano naturalizado, oriundo da burguesia judaica polonesa assimilada dos anos 1930, é um caso extremo, um compósito de várias formas históricas de discurso hegemônico: o desejo sionista de fazer do judeu o ocidental;[15] o desejo polonês de opor uma Polônia ocidental (católica) e moderna[16]

---

[13] Rosdolsky, 1979:115, 117.
[14] Trotski, 1998:167.
[15] Cf. Said, 1992:65.
[16] Isso apresenta um problema embaraçoso para Pipes: o de que historicamente, no Leste Europeu, a afirmação da identidade nacional moderna se fez em oposição ao grande

a uma Rússia oriental (ortodoxa) e atrasada;[17] o desejo americano de ser o sujeito histórico da democracia liberal. No entanto, até um texto mais moderado como o de Orlando Figes apenas repete os temas mestres do mesmo elitismo racista posando de história: o irracional fanatismo bolchevique como expressão particular da barbárie russa, a Revolução como produto das frustrações e ressentimentos de pessoas deslocadas, pouco educadas, improdutivas etc.[18]

Marx percebeu, em *A questão judaica*, o que está por trás desse tipo de estrutura discursiva. O judeu ideal dos antissemitas (explorador, ganancioso etc.) nada mais é do que o cristão real, isto é, o burguês. O grande "outro" é precisamente uma construção sobre o qual projetamos a (má) consciência de nossas insuficiências. Se a conclusão de Marx era a de que o judeu somos nós mesmos — e que nenhum de nós será de fato cidadão se não deixar antes de ser judeu, i.e., burguês —, de certa forma a constatação que se impõe, por sua vez, é a de que o russo, isto é, o subalterno, somos, mais uma vez, "nós". Resgatar a Revolução Bolchevique é resgatar a causa de todos os oprimidos em geral, presentes e passados, daí o ódio aparentemente anacrônico que a Revolução Russa provoca nos reacionários. Como diz Žižek (2005:334), os lunáticos e/ou aproveitadores da extrema direita de hoje (Berlusconi etc.), que falam obsessivamente em fantasmagóricas

---

"outro", isto é, o judeu, o que resultou no antissemitismo raivoso comum às elites tradicionais polonesa e russa. A solução discursiva encontrada por Pipes é um dos elementos mais infelizes de seu texto uniformemente infeliz: a negativa de que os generais do Exército Branco fossem antissemitas — afirmação um pouco difícil de sustentar, diz Kenez (1991:347), quando se pensa que, em 1919, 100 mil judeus ucranianos foram mortos principalmente por esse Exército.

[17] Oposição inteiramente artificial, já que, como lembra Isaac Deutscher (1968:229-230), judeu e polonês de nascimento como Pipes, "nunca faltaram generais russificados no Exército polonês (...) — homens que eram incapazes de se dirigirem a seus soldados em polonês correto [como] o general Zeligovski, que, sob as ordens de Pilsudiski, tomara Vilno dos lituanos em 1921".

[18] "Precisamos fortalecer nossa democracia (...) para que os deficientes e desiludidos não a rejeitem novamente" (Figes, 1996:824).

conspirações comunistas, expressam com isso uma grotesca verdade: o socialismo revolucionário é, em última análise, a única oposição real à ordem burguesa.

Mas real em que sentido? Segundo Derrida (1994:21), a atualidade do marxismo revolucionário no mundo de hoje é a de um espectro: "há desaparecido na aparição como reaparição do desaparecido". O terror que o espectro inspira não reside em sua presença (se os fantasmas fossem um fenômeno objetivo, perderiam grande parte de sua capacidade de aterrorizar),[19] mas no fato de essa presença ser, em princípio, impossível, inexplicável. A presença de um espectro é uma presença feita de ausência, é algo que não deveria estar lá. Isso explica os temores doentios de certos propagandistas reacionários, em suas diatribes, diante de figuras reformistas mais do que moderadas (Lula, Obama etc.). Mas a questão não é a verdade objetiva desses temores (tão ilógicos, eles são), e sim o fato de que a disposição subjetiva de "reforma", que a simples existência dessas figuras denota, funciona para tais pessoas como a aparição do fantasma do pai de Hamlet sobre as muralhas, como a intrusão de outro mundo num universo *out of joint*, de que há algo de podre no reino da Dinamarca...

Política e moral

As violências da Revolução Russa fizeram dela — diz Žižek (2005:340), apenas repetindo o que já foi dito por muitos outros — algo em cuja defesa a esquerda convencional de hoje tem a maior dificuldade de engajar-se, pois se considera uma verdade axiomática que essa Revolução foi um evento fracassado, e que dele se pode recuperar, no máximo, sua "chama utópica": daí a exegese marxista de Outubro ser, atualmente, frequentemente composta de pedidos de desculpas.

---

[19] Veyne, 1983:98.

Trotski perguntaria: mas pedir desculpas a quem? Aos que originariamente fizeram a Revolução, cuja chama foi pervertida pelo stalinismo? Mas para os revolucionários russos de 1917 a Revolução não podia estar mais afastada de um sonho utópico; ela era uma necessidade, cruel e objetiva, sublinhada pelo fato de que o Antigo Regime resistira ativamente a qualquer tentativa de simples diálogo, quanto mais de reforma.[20] Aos contrarrevolucionários? Mas como, se foi por causa de sua intransigência que a Revolução se deu e triunfou?[21] Às gerações imediatamente posteriores, às vítimas do stalinismo? Mas essas vítimas estavam, *grosso modo*, quanto à sua consciência política, divididas em dois campos: os que queriam derrotar o stalinismo para salvar a Revolução, e aqueles que aceitaram o stalinismo como a própria Revolução.[22] Às vítimas despolitizadas — *kulaks*, operários comuns e outros? Uma desculpa só pode ser pedida a partir de um ponto determinado, de uma alternativa deliberadamente não selecionada. Nas condições concretas da história soviética dos anos 1920/30, que alternativa seria essa?

---

[20] "Toda revolução social vitoriosa ocorreu, até agora, em países onde alguma forma de regime repressivo vinha existindo por períodos longos (czarismo (...), a ditadura de Chiang-Kai-Sheck (...), a ditadura de Batista)" (Mandel, 1979:83).

[21] Um historiador tão insuspeitamente conservador como Orlando Figes (1996:681) afirmou claramente que a única "ideia" política que os Guardas Brancos tinham era a de "atrasar o relógio de volta aos 'bons tempos' antes de 1917 (...) e sua derrota deveu-se em grande medida à sua triste incapacidade de romper com o passado e retomar a iniciativa dentro da agenda de 1917". O ultradireitista Richard Pipes (1995:128-129) revela tudo numa vinheta, quando diz que, após a derrota na Ucrânia do Exército Branco do general Denikin em outubro/novembro de 1919, apesar de o referido exército ter-se "retirado em boa ordem", bastou um discurso do primeiro-ministro Lloyd George na Câmara dos Comuns, em 17 de novembro de 1919, cortando subsídios britânicos aos Brancos (por contraproducentes), para que o "Exército Voluntário" caísse num salve-se quem puder — o que diz tudo a respeito de sua real legitimidade.

[22] Numa historiografia americana da URSS dominada pela agenda da Guerra Fria e seu conceito de totalitarismo, a escola revisionista provocou escândalo ao simplesmente lembrar que "nenhum governo jamais foi fisicamente capaz de gerenciar a existência total de um país, ou mesmo de uma prisão (...) [O stalinismo era] um regime repressivo e autoritário que gozava de considerável base de apoio apesar — e, em certa medida, por causa — de seu amplo uso da coerção" (Thurston, 1996:xviii, xx).

Não há sentido em tentar edulcorar o longo cortejo de violências da Revolução Russa. Objetivamente, a Revolução foi um banho de sangue. Todavia, banhos de sangue, ao longo da história, não foram apenas de origem revolucionária: houve banhos de sangue contrarrevolucionários e, mais do que isso, banhos de sangue conservadores, cujos objetivos não eram fazer recuar uma revolução já ocorrida, mas tão somente manter o estado vigente de coisas — e a história russa imediatamente pré-revolucionária conheceu vários desses banhos de sangue.[23]

Como dizia Trotski (1988:493): do ponto de vista do valor da individualidade humana como um imperativo categórico, a Revolução teria de ser condenada se isso não significasse condenar, com ela, toda a história humana pretérita. Se a individualidade humana já fosse um valor de fato, as consignas revolucionárias cairiam num vazio; para que os direitos do homem pudessem tornar-se algo concretamente aplicável, foi necessário um ou muitos banhos de sangue prévios, em que esses mesmos direitos foram repetidamente violados.

Para caracterizar a revolução como um crime, de forma consistente, pode-se fazê-lo do ponto de vista ideal do *status quo ante*, de um estado de coisas positivo que a revolução supostamente teria subvertido, o que, no caso da Revolução Russa, exigiria descobrir

---

[23] Em sua descrição da personalidade de Nicolau II, Trotski (1950, v. 1, p. 96) diz: "Este homem terno, ponderado e 'bem-educado' era cruel (...) com a crueldade medrosa de um herdeiro que se sabia condenado. Já no início de seu reinado, felicitava 'os valentes do regimento de Fanagória' que haviam atirado sobre operários. 'Lia com prazer', sempre, sobre como se haviam chicoteado estudantes 'de cabelos curtos' e como pessoas indefesas haviam tido o crânio esmagado em *pogroms* de judeus. Rebotalho coroado da sociedade, era atraído pelo submundo e pelos bandidos das Centúrias Negras [organização paramilitar semioficial e antissemita de defesa do regime], que não somente eram por ele pagos largamente a partir dos fundos orçamentários, mas com os quais gostava de discutir suas façanhas e os quais indultava se, por acaso, eram condenados pelo assassinato de deputados oposicionistas. (...) Quando o general-governador das Províncias Bálticas exigiu que se enquadrasse (...) um certo Richter, que 'procedia a execuções sumárias, sem julgamento, mesmo de quem não era culpado de qualquer resistência', o tsar anotou sobre o relatório: 'Ah! Esse é um bravo!' (...) Este 'homem encantador', sem vontade, objetivo ou imaginação, foi o mais terrível de todos os tiranos da história antiga e moderna".

virtudes libertárias insuspeitadas na autocracia tsarista, similares às que os legitimistas franceses da Restauração (*e.g.* o Tocqueville de *O Antigo Regime e a Revolução*) descobriram no feudalismo aristocrático medieval, antes que tivesse sido "pervertido" pelo absolutismo. A história russa, porém, não fez parte da Idade Média ocidental — em muitas coisas foi seu exato contrário, ao menos pelo fato de a Rússia medieval ter sido uma *presa* do Ocidente mais desenvolvido[24] —, o que dificulta sobremaneira propor uma volta aos "velhos bons tempos". Na falta de uma alternativa concreta, ainda que legendária, resta sugerir o que Platão e Santo Agostinho tiveram a coragem intelectual de propor: negar todas as alternativas, presentes e passadas, *por junto*, por igualmente corrompidas — o que seria um moralismo coerente, mas absolutamente inútil, do ponto de vista da política prática e da história.[25] Como dizia o historiador Moses Finley (1989:98), a propósito das críticas de Platão à democracia ateniense:

> A crítica radical dos valores e instituições é uma função (...) do sociólogo e historiador políticos. Mas para que essa crítica se revista de alguma utilidade como (...) pedra de toque da ação prática e não conduza ao niilismo ou abdicação da responsabilidade social, tem de, em algum ponto, descer da estratosfera metafísica.

No final da vida, Finley (1991:140) afirmaria que não podemos nos deter neste ou naquele desastre histórico produzido por um dado projeto político — negligenciando as circunstâncias concretas, as motivações e os estados de espírito dos agentes — e exibi-lo como "prova"

---

[24] A Moscóvia deixou de pagar tributo aos mongóis em 1491 e sofreu o primeiro ataque militar do Ocidente — foi derrotada pelos lituanos em 1500 (cf. Ducellier et al., 2006:299). A competição geopolítica do Ocidente mais adiantado "catalisou" a formação da autocracia russa, a partir das tradições políticas já autoritárias dos impérios Bizantino e Mongol.

[25] Apud Finley, 1991:115.

para condenar o projeto como um todo, pela simples razão de que *nenhum* projeto político, passado, presente ou futuro, poderia passar nesse exame.

A criminalização da revolução em nome da conservação do que já existe, à maneira de Burke, peca pela base ao ignorar a dialética: aquilo que existia antes da revolução era contra a revolução, mas continha também as causas da revolução. Em Burke (1997:92) existe um parágrafo involuntariamente irônico, em que ele ataca os franceses da época da revolução por quererem enfrentar as mazelas do presente fazendo tábula rasa do passado, quando, se o passado recente não lhes agradava, podiam buscar modelos num passado mais remoto. O que o politólogo inglês admite implicitamente é que o passado que se quer "conservar" só é "conservável" se for "falsificado", já que foi o passado como efetivamente aconteceu que gerou a necessidade da revolução. Nesse ponto, Marx era até mais conservador: o que saiu de cena não foi retirado de lá por capricho, simplesmente esgotou suas possibilidades.

Deixemos de lado, portanto, a idealização do passado. Se a crítica a partir do *ex ante* é inútil, temos de propor uma alternativa *ex post*, uma outra possibilidade de desenvolvimento a que pudéssemos chegar por meios mais pacíficos, acessíveis aos homens de boa vontade — caminho politicamente bem mais promissor, mas raramente trilhado —, exatamente pelo fato de que os males presentes das sociedades em que vivemos não são um produto de quaisquer "neves d'antanho" residuais que poderemos superar no futuro, mas de interesses bem concretos, presentes e *atuantes*. Não é por outra razão que o grande recurso retórico da direita é o de vilificar a esquerda, pois a opção seria falar em termos positivos de seus próprios projetos, evadindo o problema de esses projetos para o futuro nada mais serem do que, no mínimo, a manutenção (para não dizer a piora) das opressões atuais. Há 80 anos, Trotski (1988:493-494) expunha brutalmente a questão: recorrer às desculpas não é uma boa política, pois pressupõe que do outro lado há acusadores a quem as desculpas são devidas.

E quem são eles? (...) Lloyd George, Wilson e Poincaré, que se consideraram com direito a matar de fome crianças alemãs por causa dos crimes dos Hohenzollerns — e de seus próprios? Os conservadores ingleses e republicanos franceses que atiçaram as chamas da Guerra Civil russa de uma distância segura, enquanto produziam lucros com sangue? Essa chamada poderia prosseguir interminavelmente (...) Será que se pode imaginar que homens que tentam resolver a questão da Alsácia-Lorena, a cada meio século, com montanhas de cadáveres, serão capazes de reconstruir suas relações sociais apenas por ventriloquismo parlamentar? De qualquer modo, ninguém nos mostrou como isso seria possível.

Seria redundante tentar reler esse trecho substituindo os nomes próprios — Tony Blair no lugar de Lloyd George, George W. Bush no de Wilson, crianças e civis iraquianos e afegãos no de alemães, Saddam Hussein no dos Hohenzollerns — para perceber que o texto de Trotski mantém toda a sua pertinência. Não se trata de cinismo — "fiz sim, e quem não fez?" —, mas de rejeitar o que um pós-moderno como Edward Said (1995:355-356) chamaria de discurso da centralidade: o discurso pelo qual um sujeito hegemônico produz

narrativas semioficiais com a capacidade de autorizar e corporificar determinadas sequências de causa e efeito, ao mesmo tempo impedindo a emergência de contranarrativas (...) Assim a ajuda americana ao Vietnã e ao Irã foi corrompida ou por comunistas ou terroristas fundamentalistas; o resultado é "nossa" humilhação (...) O poder ainda maior de tais narrativas é o de interditar, marginalizar, criminalizar versões alternativas da mesma história, [o que faz com que tentar contar uma versão não oficial] implique tentar recontar os "fatos" de tal maneira que se pareça estar inventando a própria língua com que se fala.

Para uma figura lamentável como Tony Blair, é muito fácil chorar as lágrimas da autoindulgência perversa ao renunciar e dizer que fez "o que acreditava ser correto" ao "afastar Saddam e seus filhos do poder" — ação supostamente meritória que só "a desinformação [sic] reinante (...) provocada pelo terrorismo global e os elementos que o apoiam" poderia contestar.[26] Mais difícil ainda é lembrar o direito fundamental dos iraquianos de serem os únicos juízes e sujeitos da sua forma de governo e do direito que têm de decidir sozinhos como e quando desejam modificá-la, pouco importando as justificativas moralizantes de um lacaio de libré do imperialismo americano, adrede preparadas para recobrir de legitimidade fictícia sua participação como parceiro menor numa operação descarada de saque e genocídio.

Nesse ponto, a fuga da política para o metafísico de Santo Agostinho tinha uma vantagem sobre as diatribes (aparentemente) atemporais de Platão contra a democracia ateniense: a de referir-se claramente a uma situação histórica real. Contra as justificativas do imperialismo romano como fundamentalmente "justo", que os intelectuais do Senado repetiam havia séculos, o que o doutor da Igreja lembrava era que todos os impérios são fundamentalmente injustos, *magna latrocinia*.[27] Mas a honestidade intelectual que essa posição conquista não se traduz, obviamente, em qualquer espécie de utilidade do ponto de vista da política prática.[28] Trotski (1988:493) põe o dedo na ferida: diante das opressões concretas da classe dominante, a única saída prática que

---

[26] *Folha de S.Paulo*, 11 maio 2007.

[27] *De Civitate Dei* 4.4.1 apud Veyne, 1992:296.

[28] "Colocando assim os valores sobre outro solo que não o das cidades terrenas, Agostinho se privou da possibilidade de fazer escolhas políticas, de escolher entre o Império e os bárbaros. (...) o importante não estava nisso, e sim no sobrenatural" (Veyne, 2005:745-746). Essa opinião é corroborada por um autor marxista: "onde a comunidade cívica havia cedido lugar ao mando imperial, não havia necessidade dos súditos cristãos de ocupar-se com as complicações do governo secular. Aos teólogos como Agostinho bastava sublinhar a divisão do trabalho entre César e Deus; e os bons cristãos, enquanto prestavam obediência a César, podiam ocupar-se com suas preocupações espirituais" (Wood, 2008:205).

resta às massas, a maneira pela qual elas podem atingir a mera condição — ainda que apenas discursiva[29] — de sujeito histórico, é

> elevarem-se a si mesmas a um novo nível histórico através do guindaste revolucionário (...) Se esse método é bom ou não, do ponto de vista da filosofia normativa,[30] não o sei, e devo confessar que não me interessa saber. O que sei ao certo é que a Humanidade até agora não encontrou outro meio.

O ato político não tem como ser julgado em si mesmo, e sim em função da ambiência concreta. Em outro trecho de suas memórias, Trotski (1988:603-604) lembra o juízo desfavorável de um historiador conservador (Taine) sobre a Revolução Francesa:

> [o de que] alguns anos após a execução de Luís XVI, o povo francês estava mais pobre e mais infeliz do que sob o *Ancien Régime*. Mas o problema é o de que fatos como a Revolução Francesa não podem ser julgados na escala de "alguns anos". Sem a grande Revolução, toda a nova França não teria sido possível, e o próprio Taine teria sido funcionário de algum arrendador de impostos do *Ancien Régime*, em vez de denegrir a revolução que lhe abriu a oportunidade de uma nova carreira.

---

[29] Como escreve Edward Said (1992:37-38), discutindo o problema palestino: "A identificação, pelo Ocidente, do sionismo com o liberalismo significou que (...) o árabe tornou-se uma não pessoa, já que o sionista tinha-se tornado a *única* pessoa na Palestina, em oposição à personalidade negativa do árabe (...) No liberalismo, o sionismo viu a si mesmo como desejaria ser (...) Israel é um desastre, mas sua caracterização como pioneiro da razão justifica mais e mais ajuda, mais e mais afirmação — mesmo que as razões concretas para essa afirmação sejam cada vez menores".

[30] Santo Agostinho, quando quis justificar as perseguições aos hereges, lembrava a parábola da grande ceia, em que o anfitrião, diante das desculpas dos convidados, dizia ao servidor: "Sai pelos caminhos e atalhos e obriga todos a entrar [o *compelle intrare* da vulgata latina], para que fique cheia minha casa. Porque te declaro que nenhum daqueles homens que foram convidados provará de minha ceia" (Lc 14,23-24 apud Sainte Croix, 1983:437).

Não faltam analogias atuais para esta discussão. O reacionário fanático Richard Pipes (1995:511) — sempre ele —, ao concluir sua história da Revolução Russa, cita com aprovação um discurso — *of all people* — de Boris Yeltsin no Congresso americano: "o ídolo comunista, que em todo lugar espalhou o conflito social, a animosidade, a brutalidade sem paralelo, que instilou medo na humanidade, entrou em colapso (...) e jamais se levantará de novo". Richard Pipes deveria ter um pouquinho mais de sentido de propriedade ao escolher suas autoridades. Yeltsin, como todos os arrivistas, fazia o que tinha de fazer: estava sendo examinado e tinha "medo de não parecer firme o suficiente ao[s] examinador[es] ou de não apresentar uma estatura de estadista suficientemente conservadora".[31] Contudo, o discurso de Yeltsin, se atendia às necessidades do momento e do lugar em que foi feito, não suporta exame posterior: num passado alternativo em que a Revolução Russa não houvesse ocorrido, qual seria a carreira de Yeltsin? Moço de estrebaria de alguma grã-duquesa? Criminoso comum?[32] Pouco importa. O fato é que a carreira política de Yeltsin só fez sentido do ponto de vista de sua adesão ao Partido Comunista Soviético, que o colocou numa posição a partir da qual ele pôde dedicar-se a destruir o legado da mesma revolução que tornou possível sua própria carreira. Considerações morais à parte, o governo de Yeltsin foi tão desastroso que seus sucessores imediatos só puderam readquirir alguma espécie de legitimidade restaurando seletivamente a ideologia soviética naquilo que ela era compatível com um regime burguês nacionalista e bonapartista. O que lembra Trotski (apud Broué, 1988:861) ao dizer no final da vida que, ainda que a revolução burguesa tenha sido concluída pela Restauração dos Bourbons, o fato é que ninguém vê mais a Revolução Francesa pela ótica dos Bourbons (que, mesmo em 1815, só sobreviveram politicamente quando fizeram as pazes com a legalidade constitucional burguesa).

---

[31] Trotski, 1988:601.

[32] "O jovem Yeltsin era um patife" (Service, 1997:503).

Mesmo bem antes da Revolução Russa, já se usava o exemplo das atrocidades do Terror jacobino para caracterizar a revolução em geral como uma coisa má. Mas se nos dermos o trabalho de ler, nas memórias do duque de Saint-Simon (1983:751-753) para o ano de 1700, a narrativa do episódio do funeral de Mlle. de Condé, Anne-Marie, neta do grande Condé, com sua descrição da confusa briga entre os membros do cortejo pelo direito de precedência de suas carruagens, com a mãe do memorialista diretamente envolvida num bate-boca sobre genealogia na porta do cemitério, a pergunta a um leitor moderno é: algum de nós acredita que suportaria viver, por um dia que fosse, num tal cotidiano? E o que nos separa, historicamente, dele? Basicamente, uma parede impenetrável, erguida a golpes de guilhotina. Não há como escapar a essa constatação objetiva: se hoje não temos de nos curvar a cada esquina à passagem dos cortejos, é porque o Comitê de Salvação Pública e o Terror nos livraram disso. É o que afirma Trotski (1988:603): "se vítimas são permitidas — mas a quem vamos pedir permissão? —, que sejam aquelas que movem a humanidade para a frente". Diria um pósmoderno: como podemos distinguir, em princípio, o que está à frente e atrás? Não podemos, é certo, mas podemos escolher objetivamente entre as alternativas disponíveis a cada instante. Em algum momento do passado, o mundo do duque de Saint-Simon ainda era uma das alternativas palpáveis, mas "o movimento real das coisas" pronunciou contra ele (como gostava de dizer Rosa Luxemburgo) um *Mene-Tekel-Parsim* tão irrevogável quanto o do Festim de Baltasar.[33]

Não é possível pronunciar-se sobre nada em história, senão em termos de alternativas e situações concretas. Se o fascismo, por exemplo, foi destruído como programa político por toda uma época histórica,

---

[33] Trata-se do episódio bíblico em que o profeta Daniel é chamado a interpretar a inscrição que uma mão sem corpo escrevera na parede do palácio: "*Mene, Mene, Tequel e Parsim*". Esta, pois, é a interpretação: *Mene* — contou Deus o teu reino e deu cabo dele; *Tequel* — pesado foste na balança e achado em falta; *Parsim* — dividido foi o teu reino (Daniel 5, 25-28).

não foi porque a humanidade tenha subitamente visto a luz, mas porque, em primeiro lugar, Stalin, apesar de suas hesitações e complacências, foi eventualmente capaz de superar,[34] derrotar e eliminar Hitler; em segundo lugar, porque, diante dessa vitória de Stalin, a democracia burguesa soube reciclar-se dos fracassos de 1919 e 1929, colocando-se como alternativa política pela adoção de uma combinação de economia keynesiana e de políticas de bem-estar social. Somente a distância que nos separa da II Guerra Mundial torna possível aos reacionários esquecer tais coisas.[35]

Mesmo a guerreira fria e inventora do conceito de totalitarismo Hannah Arendt, em *Eichmann em Jerusalém*, nos lembrava de que nossa capacidade para condenar a bestialidade nazista depende, em última análise, do ponto de vista em que nos posicionamos diante da ordem social "em sua generalidade". Para que a condenação da Solução Final seja real e efetiva, deve-se supor que ela foi "mais do que um crime contra o povo judeu ou polonês ou cigano, que a ordem internacional e

---

[34] Como escreveu Isaac Deutscher (1982:552), no final dos anos 1940, "independentemente da derrota, o aparato material de que [a Alemanha] dispunha sob Hitler, fora indústrias de armamentos, não era essencialmente maior do que o que existia antes. Seus serviços sociais estavam semidestruídos. Suas universidades eram campos de treinamento de uma geração de brutos (...) Todas essas perdas terríveis não foram redimidas por uma simples aquisição positiva ou ideia nova, salvo se se considerar como tal a ideia de que uma nação ou raça pode arrogar-se o direito de exterminar as outras". *Toutes proportions gardées*, tal pode ser aproximado à rápida descrição das instituições culturais na Rússia pós-soviética feita por Moshe Lewin (2005a:386): "Cada vez menos pessoas vão ao teatro, a concertos, circos ou bibliotecas; a leitura de obras literárias e jornais está em declínio aberto (...) Devido às maiores jornadas de trabalho, a própria estrutura do lazer foi modificada: o lazer é hoje muito mais passivo ('restaurador'), enquanto na era soviética era mais cultural, devido ao aumento do tempo livre (...) A televisão tornou-se a atividade dominante, com efeitos especialmente nocivos sobre as crianças, que, abandonadas à tarde, colam-se na poltrona diante de emissões bovinas".

[35] "O anticomunismo (e seus rebentos) não é erudição histórica: é uma ideologia que se mascara como tal [explorando] o regime autoritário (ditatorial) da URSS a serviço de causas conservadoras, ou coisa pior. As manobras revoltantes de parte da direita alemã [na "Querela dos Historiadores"] para edulcorar Hitler colocando no primeiro plano Stalin e suas atrocidades expressa tal uso e abuso da História" (Lewin, 2005a:378).

a humanidade como um todo pudessem ter sido seriamente feridas ou postas em risco".[36] Se o crime depende de um determinado objeto — de ser contra judeus, ciganos ou outro objeto específico —, abre-se então a possibilidade de que o mesmo ato, cometido contra outras vítimas, possa não ser crime; o que define a generalidade do crime não é o ato em si, mas a perspectiva genérica a partir da qual ele é definido. Por trás dos genocídios nazistas, encontra-se uma lógica genérica associada ao capitalismo moderno: a de que existe um sujeito hegemônico capaz de julgar os objetos de sua ação e decidir seu destino em termos de sua "utilidade".[37] Arendt (1999:296), já em 1961, chamava a atenção para a tentação de genocídio que representaria a combinação da disponibilidade de tecnologias de destruição em massa com o desemprego crônico,[38] oriundo da automação industrial. Rejeitar o genocídio nas condições históricas presentes implica, em última análise, rejeitar o capitalismo em geral.

Exatamente por isso é que não faz sentido agitar o espantalho do stalinismo (e, subsidiariamente, do maoismo da Revolução Cultural) diante de toda e qualquer tentativa de recuperação do programa socialista. Um artigo de M. I. Finley trata da atração dos liberais conservadores (e de nossos neoliberais) de ver tudo na história em termos de grandes essências, de apor a cada personagem e acontecimento uma

---

[36] Arendt, 1999:298.
[37] Cf. Mandel, 1989:96. Said (1992:65) chama a atenção para o fato de que pensadores como Marx e Mill "parecem ter acreditado que ideias como liberdade, governo representativo e felicidade individual não deveriam aplicar-se ao Oriente por motivos que hoje chamaríamos de racistas". Trotski (1998:167) reconhecia que Marx e Engels, no *Manifesto comunista*, haviam feito do problema colonial algo a ser resolvido como simples decorrência da vitória do proletariado branco da metrópole, e que cabia a Lenin ter produzido uma reviravolta no marxismo ao postular que "o movimento das raças de cor contra os opressores imperialistas (...) necessita do total apoio, indiscutível e sem reticências, do proletariado de raça branca".
[38] Como dizia Trotski (1998:165) em 1938, o desemprego crônico e o desejo pequeno-burguês de evitar a proletarização a qualquer custo — mesmo sobre os ossos dos destituídos ("que tomam nossos empregos", "que não têm nossos valores") — constituem, juntos, "a expressão mais nociva do apodrecimento capitalista".

etiqueta de bem ou mal absoluto. Assim, o fracassado Edito Máximo, promulgado pelo imperador romano Diocleciano, que estipulava limites de preços e salários, era apresentado pelos economistas e jornalistas conservadores da década de 1950 como prova da inutilidade de quaisquer políticas de bem-estar social, passadas, presentes e futuras. O caráter opressivo da burocratização do Império Romano tardio servia para atacar a burocracia soviética, como a recordação da burocracia soviética serve hoje para impugnar *ex ante* qualquer experimento socialista futuro. Como escrevia Finley (1989:165, grifos meus): "a burocracia [de Diocleciano] salvou Roma, nas condições do final do terceiro século [d.C.], o que *não nos revela absolutamente nada* sobre o que a burocracia pode ou não realizar *hoje*".

Como resposta empírica ao isolamento internacional da Revolução Russa, o stalinismo deu-lhe uma sobrevida de 70 anos, à custa de sua esclerose interna, burocrática e autoritária; ao mesmo tempo, internacionalmente, eliminou o nazismo de cena e funcionou como um espantalho que catalisou todas as políticas de reformismo burguês que deram origem ao *welfare state* do final dos anos 1940. É difícil imaginar os planos Marshall e Beveridge como outra coisa senão tentativas (bem-sucedidas) de esvaziar a atratividade do modelo econômico soviético na Europa ocidental empobrecida do pós-II Guerra Mundial.[39] Sem o stalinismo, não haveria um agente catalisador do *welfare state* — *sic vos non vobis*.[40]

---

[39] O que fica bem claro, e.g., numa carta de Keynes (1980:384), datada de 26 de fevereiro de 1945, ao ministro da Fazenda inglês John Anderson, sobre o desmembramento e a desindustrialização da Alemanha propostos pelo secretário do Tesouro americano Morgenthau (que propunha um tratado de paz nos moldes do de 1919, isto é, de pilhagem): "Uma Alemanha desmembrada, parte sob influência russa, parte sob influência da Europa ocidental, significa que haverá uma fronteira direta entre essas duas esferas. Não seria isso muito perigoso [?]. As partes desmembradas serão de saída tão economicamente débeis que uma economia burguesa (...) dificilmente sobreviveria ali. Esses Estados fracos serão o berço da revolução social na Europa".

[40] *Sic vos non vobis nidificatis, aves/ Sic vos non vobis vellera fertis, oves/ Sic vos non vobis mellificatis, apes/ Sic vos non vobis fertis aratra, boves*, diz Virgílio. ("Assim vós,

36 Trotski diante do socialismo real

O que o stalinismo fez ou não fez nada nos diz sobre o que o socialismo poderá ou não fazer amanhã. Inversamente, as tentativas neoliberais de implantar o livre-mercado "puro" — cuja justificativa era uma crença *a priori* no indivíduo isolado como sujeito da história — tiveram resultados que, até agora, foram concretamente sempre os mesmos: "economicamente apavorantes, e política e socialmente desastrosos, [produto de] teorias elegantes [que] pouca relação tinham com a realidade".[41] Trotski articulava as coisas melhor quando dizia que a Revolução Russa era uma tentativa de criar um novo regime social, e que essa tentativa não tinha qualquer compromisso piedoso[42] com o próprio passado:

> [É] um experimento que sofrerá várias mudanças e que provavelmente será refeito em suas próprias bases. Assumirá um caráter inteiramente diverso, irá apoiar-se em tecnologias inteiramente novas. Mas após décadas e séculos a nova ordem social olhará para a Revolução Russa como a atual olha para a Reforma Alemã ou a Revolução Francesa. Isso é tão claro, de uma clareza tão meridiana, que mesmo os professores de história o entenderão, ainda que depois de muitos anos (Trotski, 1988:604).

Mas se não há compromisso inabalável com o passado, o que garante a permanência, pelo futuro imediato, do socialismo? Para Trotski (1988:602), existe uma base material que permite imaginar a

---

ó aves, fazeis ninhos e não para vós; assim vós, ó ovelhas, trazeis a lã e não para vós; assim vós, ó abelhas, fabricais o mel e não para vós; assim vós, ó bois, arais a terra e não para vós" — cf. Rezende, 1918:455.)

[41] Hobsbawm, 1997:542.

[42] Como diria o filósofo político Mezhuev (apud Lewin, 2005a:388) na Rússia pós-soviética de 1999, "há aqueles que negam o passado e os que o identificam como único modelo possível. O resultado é que para alguns o futuro é uma simples mistura de temas do passado e para outros é a aceitação mecânica de seu oposto. (...) Mas o futuro tem de ser concebido em primeiro lugar em relação ao passado".

viabilidade de uma sociedade substantivamente mais igualitária, produto da disciplina e da opressão necessárias da acumulação burguesa. Desde 1914, no entanto, essa base tem sido empregada, na maior parte das vezes, para propósitos destrutivos, "como se um homem, para convencer-se de que respira bem, fosse cortar a garganta com uma navalha na frente do espelho". Isso foi algo que ocorreu repetidas vezes no decorrer do último século, auxiliado pela carência de memória histórica, um dos mecanismos de legitimação mais efetivos da ordem burguesa.[43] Contudo, o problema permanece, e permanece porque, como Marx e Engels (1998:50) já o haviam posto em 1848, o grande problema da sociedade burguesa não é moral (a opressão), e sim o fato de que, com a automação, a burguesia "não pode mais assegurar a existência do seu escravo, mesmo no quadro da sua escravidão, porque (...) deve nutri-lo em lugar de ser nutrida por ele". Como no argumento teológico de Santo Agostinho, ninguém se move apenas por convicção moral, mas sim por causa de uma compulsão objetiva. É sobre esse simples fato que repousa a permanência, para todo o futuro imediato, do projeto socialista. Pode não ser agradável saber disso — que a humanidade continuará, durante muito tempo, sendo "obrigada a entrar" neste ou naquele empreendimento sob o chicote da necessidade objetiva —, mas,

> lá pelo fim da Guerra dos Trinta Anos, a Reforma Alemã devia parecer obra de fugitivos de um manicômio. De certa forma, assim foi: a humanidade europeia fugiu do monastério medieval, e a Alemanha moderna, a Inglaterra, os Estados Unidos, e o mundo moderno em geral, não teriam sido possíveis sem a Reforma e suas inumeráveis vítimas (Trotski, 1988:603).

---

[43] Hobsbawm, 1997:13.

O que este livro propõe investigar é: a partir daquilo que Trotski considerou que a transição ao socialismo na Rússia soviética *não* conseguiu fazer, de suas oportunidades perdidas, o que uma transição semelhante poderia — ou não — fazer e realizar, *hoje*?

I
Trotski diante da sucessão de Lenin

Examinar a degenerescência stalinista da Revolução Russa com base em fatos exige discutir a querela de sucessão entre Stalin e Trotski, a partir do papel nela exercido por Lenin, de seus desacordos últimos com Stalin, mas, antes de tudo, de sua incapacidade de dar a Trotski uma posição clara de herdeiro designado.

Na análise da historiografia recente sobre o tema, fica bem claro que Trotski arquitetou, desde muito cedo, a garantia dessa posição, mesmo ao preço de praticamente extorqui-la de Lenin. Já em 11 de abril de 1922 recusou a nomeação ao posto de vice-primeiro-ministro (secretário substituto do Conselho de Comissários do Povo) que Lenin lhe oferecera — um posto que, se informalmente o situaria como "segundo em comando", em termos formais o faria dividir a mesma posição com dois ou três colegas.[44]

Deutscher, que percebia em Trotski a segunda (e óbvia) cabeça do governo soviético, não entende que ele tenha podido preferir a forma à realidade do poder; mas é o anticomunista Richard Pipes (1995:467) que, paradoxalmente, propõe uma leitura alternativa (e melhor) do

---

[44] Cf. Deutscher, 2003b:29-30.

incidente: exatamente por todos os serviços pretéritos que prestara ao Estado soviético, Trotski não podia aceitar ser reduzido formalmente à condição de uma mera criatura de Lenin, de um factótum sem responsabilidades definidas e ainda dividir essa posição com outros que ele tinha claramente como seus inferiores. Que isso era o que estava em jogo, prova-o o fato de que o Comitê Central do Partido, mais de um ano depois, com Lenin já definitivamente incapacitado — num documento só tornado público em 1990 —, tenha censurado Trotski por "aparentemente considerar abaixo de sua dignidade" atuar como vice de Lenin, e de atuar de acordo com a fórmula do "tudo ou nada".[45] Prova-o também o fato de que Kamenev — outro dos vices propostos — tenha sugerido logo depois da recusa, a um Lenin doente, a expulsão de Trotski do Partido (o que Lenin considerou "o cúmulo do absurdo", algo que só podia ser proposto por quem o considerasse "irreparavelmente iludido").[46]

O incidente diz muito sobre a personalidade e a situação de Trotski — e a de seus colegas. É óbvio que Trotski não tinha feito bons amigos no Partido; sua arrogância era bem conhecida e sua opinião pouco lisonjeira sobre a maior parte deles também. Muito antes da abertura dos arquivos soviéticos, Deutscher (2003b:71) contava uma história no mínimo verossímil sobre Molotov gaguejando, debaixo da língua afiada do comissário da Guerra, que "nem todo mundo pode ser um gênio". Não é preciso grande esforço de imaginação histórica para perceber que Trotski considerava seus companheiros, com raras exceções, um agrupamento de mediocridades burocráticas — o que eles eram de fato. O problema é que exatamente essa posição os tornava perigosos.

Nas condições do pós-guerra civil, com o Partido Bolchevique transformado em partido único, mantendo um vínculo puramente metafísico

---

[45] IzvTsK [Notícias do Comitê Central do PCUS], 7/306, jul. 1990, apud Pipes (1995:485).
[46] Pipes, 1995:467.

com uma classe operária (dizimada e massacrada) que supostamente deveria "representar" em seus interesses históricos, querer, como Trotski *aparentemente* desejava, cultivar uma posição de poder a partir da alta conta do público "externo" era um erro grave. A legitimidade do Partido existia, naquele momento, a partir exclusivamente do seu poder de recrutar e cooptar de forma autossuficiente. O Partido não era mais uma representação, em qualquer sentido (principalmente na acepção de manter uma relação bilateral de controle e circulação), do proletariado soviético, e sim sua vanguarda autonomeada; ele era o "conservatório" de uma determinada tradição política[47] — a leninista. Como o admitia o próprio Lenin (apud Lewin, 2005b:12): "é preciso reconhecer que a política proletária do Partido não é determinada pela sua militância comum, mas pela imensa influência, e autoridade indivisa, do pequeno grupo nele, que se pode chamar de velha guarda".

Por isso, enquanto Lenin estava vivo, tudo no Partido girava em torno da figura do "velho" líder — cada vez mais doente, de forma prematura e inesperada — e, subsidiariamente, da de seus aderentes imediatos. A vida pregressa de Trotski — com sua adesão tardia ao Partido e seus velhos desacordos com Lenin —, que havia sido, no período anterior, em parte esquecida, passou a assumir importância desmesurada nessa nova ambiência. A situação de Trotski, nessas circunstâncias, era desconfortável e dúbia. De um lado, ele tinha uma posição de poder adquirida exclusivamente por causa de sua óbvia competência e mérito; de outro, só era capaz de preservar essa posição protegido por Lenin. Sua estratégia, portanto, desde muito cedo, foi exatamente a de tentar impor a este um ato irrevogável de legitimação, em termos tão formais e burocráticos quanto possível. Certamente ele não poderia esperar que o Partido o legitimasse, pois sabia que, para seus colegas, isso teria sido um suicídio político: daí o pouco — ou nenhum — cuidado em moderar suas atitudes arrogantes.

---

[47] Cf. Veyne, 1976:634.

Ora, o ato de reconhecer Trotski formalmente como sucessor, que para nós pareceria ser o mais correto (e óbvio) a fazer, era exatamente a única coisa que Lenin *não* podia ter feito, sob pena de uma dolorosa incoerência política. Assim como Trotski tinha de confiar exclusivamente em "seu taco", em seu cabedal individual, Lenin, por uma questão de coerência, estava condenado a continuar acreditando no *seu* Partido, em torno de cuja ideia ele, bem ou mal, construíra sua carreira de teórico marxista, e que era, concretamente, a obra de sua vida. Após 20 anos à frente de uma entidade política que devia ser a vanguarda do proletariado organizado, ele não poderia, no fim da vida, entregar a responsabilidade dessa entidade, total e incondicionalmente, a um convertido recente.

Mais do que isso: Lenin deveria possuir, devido à sua posição, uma consciência clara da necessidade de estruturar o Partido de modo a garantir o equilíbrio entre o seu eixo "vertical" — a direção política e ideológica — e o "horizontal" — a base burocrática de implementação das diretrizes políticas gerais. Um intelectual puro como Trotski poderia incumbir-se, brilhantemente, das tarefas ideológicas gerais, mas para implementá-las era preciso contar com os burocratas, mesmo que fossem burocratas do Antigo Regime, os *chinovniki*.[48]

O que fazia a grandeza de Lenin é que nele o pensador marxista e o administrador conviviam na mesma pessoa. Por maior que fosse seu compromisso com a dimensão democrática da ideia socialista, ele estava igualmente comprometido em garantir que a Rússia soviética tivesse um governo minimamente operacional, para o que ele não poderia contentar-se com uma atividade de demagogo. Trotski, igualmente

---

[48] Cf. Lewin (2005b:8). *Chinovniki* quer dizer, literalmente, "homens de posição". A partir das reformas burocráticas de Pedro, o Grande, que estabeleceram uma correspondência entre a hierarquia do serviço público e os títulos de nobreza, esses funcionários, apesar da alta posição, eram irregularmente pagos e corruptos (cf. Hufton, 2000:24). A burocracia soviética, a *nomenklatura*, herdaria assim a mesma dualidade esquizofrênica de ser uma burocracia weberiana "de serviço" e uma hierarquia aristocrática a serviço de si mesma.

preocupado com o lado administrativo dos problemas, tinha desenvolvido sua solução particular para a questão: utilizar métodos estritamente militares de direção, de modo a reduzir ao mínimo a distância entre a formulação de uma política e sua implementação. Lenin, no entanto, por mais que tendesse a aproximar-se das questões práticas de governo por um viés elitista,[49] sabia que o recurso apenas à coerção como método de governo acabaria por submeter a máquina burocrática a um estresse que ela não poderia suportar por muito tempo — uma lição aprendida com a vasta experiência de mediação junto aos seus camaradas para amenizar os ressentimentos produzidos pelas constantes atitudes autoritárias e descuidadas de Trotski no exercício de seu cargo de comissário da Guerra.[50]

O Partido era um grupo fechado e, por isso, o consenso nas decisões era fundamental, sob pena do envenenamento duradouro de sua atmosfera. Cortesia, protocolo — etiqueta mesmo — eram necessários tanto aos bolcheviques quanto a uma Corte absolutista,[51] e Lenin foi especialmente cuidadoso em seu testamento político ao lembrar que a "falta de cautela" de Stalin e a "autoconfiança excessiva" de Trotski podiam levar, "inadvertidamente", a uma cisão *inesperada* no Partido.[52]

---

[49] Lewin, 2005b:122.

[50] Como escreve Deutscher (1982:210), no caso de Stalin, Trotski mostrou desde muito cedo um padrão de atitudes que repetiria *vis-à-vis* de outros velhos bolcheviques: "Ele subestimou seu oponente, não reconheceu a legitimidade de suas ambições, e ofendeu-o praticamente em todas as ocasiões".

[51] Lenin poderia, talvez, muito a propósito, ter citado a Trotski as memórias para uso do delfim escritas por Luís XIV, em que o monarca francês dizia ao filho que "quanto aos ressentimentos que parecerem justificados (...) por que imputar a todos as faltas de alguns, se são os bons serviços que, no final, prevaleceram? Seria necessário esquecer aqueles em favor destes. (...) No que diz respeito às ofensas, tanto ou mais do que no resto, ainda que os reis sejam homens, não temerei dizer-vos que o são um pouco menos quando são verdadeiramente reis, pois uma paixão soberana e dominante — a de seu interesse, sua grandeza e sua glória — reprime todas as demais neles" (Lorgnon, 2001:58).

[52] Lenin, 1977, v. 36, p. 594-595 ("Letter to the Congress", dez. 1922/jan. 1923, parte II).

Trotski, enquanto esteve resguardado por Lenin, podia dar-se o luxo de atuar sobre o Partido de fora para dentro,[53] mesclando chamados à disciplina com "uma poderosa nota de liberdade socialista".[54] Lenin contentava-se com a possibilidade de purificar o Partido internamente, tarefa para a qual contava, desde muito cedo, com as habilidades especificamente burocráticas do camarada Stalin. Para Trotski, contar com tal possibilidade era, em princípio, absurdo, já que os maiores abusos burocráticos estavam entrincheirados justamente no topo da hierarquia do Partido.[55] Para ele, era inútil querer que o Partido "corrigisse" a si mesmo, ainda mais sob a direção de Stalin, que considerava "o supermedíocre elevado à eminência".[56] O posto de secretário-geral ao qual Stalin chegaria com o apoio de todo o Comitê Central do Partido, e que usaria como trampolim para o poder absoluto, tivera, antes dele, importância muito limitada — puramente técnica, e não política —;[57] mas foram exatamente as necessidades objetivas e prementes de estabelecer uma burocracia funcional na Rússia soviética dos anos 1920 que deram ao posto uma nova importância.

Lenin, portanto, contava com Trotski *livremente*, mas estava objetivamente *obrigado* a contar, também, com Stalin. O primeiro era uma escolha absolutamente livre; o segundo, bem ou mal, uma imposição das circunstâncias.[58] Daí Lenin poder dar-se a liberdade de julgar Trotski,

---

[53] "Durante a Guerra Civil, Lenin expressara sua confiança moral em mim, não apenas em palavras, mas em atos, de maneira tal que ninguém poderia ter pedido ou recebido mais" (Trotski, 1988:485).

[54] Deutscher, 2003b:43.

[55] Orlando Figes (1996:682), citando um fundo de arquivo, diz que, em setembro de 1919, quando um relatório chegou a Lenin com provas sobre casos de corrupção generalizada no Soviete de Petrogrado, e Lenin ordenou a Stalin, como comissário de controle do Estado, que fizesse uma investigação, Stalin recusou-se a "espionar camaradas".

[56] Deutscher, 2003b:40.

[57] Trotski, 1988:485.

[58] "Não há dúvida de que, no que diz respeito ao trabalho de rotina, fosse mais conveniente para Lenin depender de Stalin, Kamenev ou Zinoviev, em lugar de mim. Lenin estava sempre tentando poupar seu tempo e o dos outros. Tentava reduzir ao mínimo a

em determinados casos, muito severamente, enquanto seus julgamentos de Stalin foram sempre matizados por uma enorme condescendência, até que foi tarde demais. E não por coação objetiva: as ideias dominantes são as do grupo dominante, e Lenin não podia, *vis-à-vis* ao Partido, permitir-se não ser leninista. Por isso ele não se esqueceu, ao perceber que sua doença era séria, de lembrar a Trotski que este não poderia dar-se o luxo de cortejar uma posição de poder apenas "correndo por fora" da gaiola burocrática: se o "aparelho" tornava difícil o trabalho programático, então a tarefa mais importante era a de "sacudir" o aparelho — conselho que Trotski certamente não seguiu.[59]

Quando, entre o final de dezembro de 1922 e janeiro de 1923, um Lenin terminalmente doente resolveu abordar o problema de sua sucessão em algumas notas, propôs claramente a demissão de Stalin da Secretaria-Geral do Partido: "Stalin é muito grosseiro [rude] e sugiro aos camaradas que pensem sobre uma maneira de transferi-lo desse posto e substituí-lo por alguém que (...) seja mais tolerante, leal, cortês, com mais consideração pelos camaradas, menos caprichoso etc.".[60] Mas Lenin não deu carta branca a Trotski: *para um observador externo*, é óbvio que o afastamento de Stalin tinha, como corolário inevitável, a ascensão de Trotski. Para Lenin, porém, as coisas não pareciam assim; muito pelo contrário:

> O camarada Trotski (...) não se distinguiu apenas por sua notável capacidade. Pessoalmente, ele é talvez o membro mais capaz do presente Comitê Central, mas demonstrou excessiva autoconfiança

---

energia gasta em superar atritos. Eu tinha minhas próprias ideias, métodos de trabalho, de pôr em execução uma decisão tomada. Lenin sabia disso, e o respeitava. Daí ele ter compreendido bastante bem que eu não era a pessoa adequada para a execução de tarefas previamente encomendadas" (Trotski, 1988:496-497).

[59] Trotski, 1988:498.

[60] Lenin, 1977, v. 36, p. 596 ("Addition to the letter of December 24", 1922).

46 Trotski diante do socialismo real

e mostrou preocupação excessiva com o lado puramente administrativo de seu trabalho (Lenin, 1977, v. 36, p. 595, "Letter to the Congress", 24 dez. 1922, parte II).

Foi uma maneira educada de expor, por meio de eufemismos, algo que poderia ser traduzido assim: a vaidade excessiva do camarada Trotski o torna incapaz de produzir uma boa atmosfera de trabalho e o obriga a impor soluções que poderiam ser mais bem aceitas por consenso.

O subtexto do "testamento" de Lenin é claro: *não posso mais confiar em Stalin..., mas também não posso entregar tudo a Trotski.* O fato é que Lenin não tinha independência total para agir. Ele não era um demiurgo, mas sim o chefe de um regime fechado, e tinha de atuar tendo como instrumento o *lobby* de seus associados imediatos; ele não era mais livre para buscar apoio nas bases, seja as do Partido, seja as da sociedade civil. Daí o fato de haver tentado, em seu testamento, uma solução de compromisso: dobrar o número de membros do Comitê Central de 50 para 100, convidando trabalhadores comuns para isso, e encarregando-os de reorganizar o aparato burocrático do Estado[61] — solução inócua, pois o aparato do Estado já estava nas mãos do *lobby* stalinista.

Na visão de Lenin, o problema principal, dado o caráter fechado do regime soviético, era o de, na falta de uma opinião pública, buscar construir instrumentos internos que permitissem ao regime reproduzir-se por meio de mecanismos que um weberiano chamaria "burocrático-racionais". Em suas últimas propostas, Lenin pretendia articular a expansão do Comitê Central do Partido com o desenvolvimento de sua Comissão Central de Controle, que passaria a funcionar como uma comissão gerencial de técnicos que supervisionaria o funcionamento da administração burocrática[62] — em oposição ao Comissariado da

---

[61] Lenin, 1977, v. 36, p. 596-597 ("Letter to the Congress", 24 dez. 1922, parte II).
[62] Cf. Lewin, 2005b:130-131.

Inspeção Operária e Camponesa (dirigido por Stalin), que tinha funções semelhantes, mas do qual, no entender de Lenin, *nada* mais poderia ser esperado...[63] Entretanto, a velha guarda do Partido, à revelia de Lenin, já se organizava como uma burocracia de outro tipo — isto é, patrimonial, com uma relação de propriedade em relação a seus cargos —, e mesmo Lenin sabia que não poderia deslocar facilmente *esses* burocratas.

As sugestões de Lenin, por mais inócuas que fossem na prática, tinham o mérito de perceber algo que Trotski ainda não havia notado: o Partido Bolchevique fora convertido, de um grupo político regido pela pura ética da convicção, numa corporação com interesses objetivos específicos;[64] portanto, querer abordar a questão de sua reforma como o queria Trotski, por mero *Fiat*, sem buscar apoios concretos na mesma burocracia, seria uma estratégia destinada ao fiasco. Um mero ataque pessoal a Stalin em nome das convicções bolchevistas só conseguiria dividir o Partido, prematura e irrevogavelmente, e abriria espaço à contrarrevolução. O que Lenin pretendia era uma estratégia em dois estágios: afastar Stalin, para só então preparar a busca de uma base de apoio de uma agenda reformista no interior do próprio Partido. E Lenin conhecia bastante história (da Revolução Francesa, especialmente) para saber que ele mesmo poderia sucumbir nessa tentativa,[65] o que era uma razão a mais para evitar o voluntarismo extremo de Trotski.

---

[63] Lenin, "Better fewer, but better", 4 mar. 1923 (apud Lewin, 2005b:160, apêndice).

[64] Como dissera Max Weber (1993:52-53) um pouco antes, em 1917: "Suponhamos que o capitalismo privado fosse eliminado: o que significaria isso na prática? Ruiriam os edifícios de aço das indústrias modernas? Não! Simplesmente, as direções das firmas estatizadas (...) tornar-se-iam burocráticas [e] os funcionários e trabalhadores [seriam] menos livres, porque [em] qualquer embate contra uma burocracia estatal (...) não pode[ria] ser invocada nenhuma instância contrária (...) ao seu poder (...) As burocracias privadas e públicas, que agora têm de trabalhar lado a lado (...) e em concorrência, portanto, seriam amalgamadas numa única hierarquia". As tentativas (desesperadas) de Lenin de criar um contrapeso político à burocracia dentro do Partido devem ser entendidas como a realização da previsão weberiana.

[65] Lewin, 2005b:139.

48 Trotski diante do socialismo real

Como se sabe, o desacordo final entre Lenin e Stalin consolidou-se em torno de uma questão aparentemente paroquial de política de nacionalidades: uma discussão a respeito da entrada das repúblicas caucasianas na União Soviética, que Stalin desejava realizar por meio da criação de uma Federação Caucasiana que englobaria a Geórgia, a Armênia e o Azerbaijão,[66] e que seria uma maneira de diluir o espírito de independência de sua república natal, que só tardiamente fora incorporada à Rússia soviética. Stalin, como comissário de nacionalidades, apresentara uma proposta geral segundo a qual as repúblicas não russas seriam incorporadas à União Soviética como "repúblicas autônomas", isto é, como entes subnacionais do Estado soviético russo, com autonomia limitada[67] — proposta que Lenin acabou por rejeitar, por ser para ele um produto do "chauvinismo da nação dominante".[68] Que tenha sido em torno dessa questão que Lenin se aproximou politicamente de Trotski e se opôs a Stalin, sobre o pano de fundo de uma série de lutas partidárias confusas (situação que acabaria por levá-lo à afasia e à incapacitação política), diz muito: Lenin parecia ter em mente *preservar alguma espécie de centro de atividade política alternativa* ao monopólio da corporação burocrática da cúpula do Partido.

Isso revela o tirocínio político de Lenin, pois seria inútil, naquele momento, apelar para a sociedade civil, para as bases do proletariado organizado, por serem inexistentes. A classe operária soviética encontrava-se dizimada e desorganizada, e qualquer tentativa de preservar um mínimo de debate político livre dependia da existência de uma cisão no interior da própria burocracia, que oporia uma instância burocrática a outra. Como se veria depois da morte de Lenin, as tentativas de Trotski de criar uma base de poder própria apelando para as bases do Partido resultaram num fiasco total. Naquele momento, o caráter social do regime soviético estava confinado aos limites de uma forma

---

[66] Cf. Suny, 1998:142.
[67] Lewin, 2005b:47.
[68] Apud Lewin, 2005b:53.

política mais ou menos autoritária, e a proposta de Lenin, em sua modéstia, era a mais realista: propor um autoritarismo mitigado — uma oligarquia competitiva, em linguagem dahlsiana — em vez de uma hegemonia fechada.

Trotski, no exílio de 1929, ao refletir retrospectivamente sobre os acontecimentos dos sete anos anteriores, naturalmente deu razão a Lenin:

> O estrato [da classe operária] que constituía o aparato de poder desenvolveu seus próprios objetivos e tentou subordinar a Revolução a estes. Uma divisão começou a surgir entre os líderes que expressavam a linha histórica da classe (...) e o aparelho — uma enorme, paquidérmica e heterogênea entidade que facilmente dominava o comunista médio (Trotski, 1988:523).

A atitude pregressa de Trotski não expressou essa consciência; muito pelo contrário, ele parecia dominado pela ideia de que sempre seria possível, de alguma forma, deslocar a burocracia por meio de um apelo direto às massas, em cuja mente ele estaria ontologicamente associado a Lenin.[69] Mas o problema estava exatamente nisto: a influência concreta de Trotski dependia do aval de Lenin, que era o veículo pelo qual o carisma de Trotski podia chegar às massas. Quando esse aval faltou — e foi o que aconteceu em março de 1923, quando o atrito com Stalin levou Lenin à incapacitação —, a questão que se impôs à burocracia era clara: "será que vamos dar a Trotski o direito de dirigir o Partido e o Estado?".[70] Num primeiro momento após a inabilitação de Lenin, Trotski aceitou um "compromisso podre": retirar da agenda o assunto da destituição de Stalin da Secretaria-Geral, sob a condição de uma retratação discreta de suas teses na questão nacional, isto é, um pedido de desculpas de suas recentes atitudes "grosseiras".[71]

---

[69] Trotski, 1988:511.

[70] Ibid., p. 510.

[71] Ibid., p. 505-506.

50   Trotski diante do socialismo real

Trotski, ao aceitar tal compromisso, agiu com uma mistura insustentável de arrogância e timidez: realizou uma tentativa canhestra de mostrar-se "compreensivo" com um grupo de pessoas que maltratara por anos — e que vinham tentando, reciprocamente, intimidá-lo, num processo mutuamente desgastante[72] —, na crença de que, em razão dessa atitude compreensiva, tais pessoas lhe entregariam o poder de mão beijada, após uma comédia de recusa. Se de fato, como acredita Deutscher, Trotski, de posse do testamento de Lenin, ter-se-ia sentido "seguro", então esse sentimento de segurança baseava-se na mais absoluta inconsciência. Mais uma vez, a extrema má vontade de Richard Pipes permite ver melhor a situação: nas eleições para o Comitê Central em 1921, Trotski fora eleito em *décimo* lugar, atrás de Stalin e de Molotov; num congresso do Partido no ano seguinte, ele fora chamado de "ignorante" por alguém que certamente tinha apoio das altas esferas para proceder assim.[73] Os burocratas bolcheviques não eram tolos. Uma coisa era apagar-se diante de Lenin, o responsável por suas carreiras, e que sempre consentira em governar por meio do Partido; outra, muito diferente, era apagar-se diante de Trotski, que não tinha compromisso algum com o aparelho burocrático e que rapidamente os colocaria numa posição supérflua. Como o próprio Trotski reconheceria, nas preparações para o XII Congresso do Partido, foi a certeza de que a incapacitação de Lenin era definitiva que fez com que os burocratas, que até aquele momento fatigavam-se em rapapés a Trotski, resolvessem na última hora introduzir uma provocação direta contra ele na pauta[74] — e o próprio Trotski, na última hora, parecia ter tardiamente percebido o que estava em jogo quando preferiu ainda embalar

---

[72] Não para menos, uma junta médica alemã que examinou a cúpula bolchevique em junho de 1922 descreveu uma sintomatologia que tem toda a aparência de ser psicossomática: Trotski tinha "colite funcional", "hipertrofia do coração" e "uma tendência para desmaios em função de anemia" (Lewin, 2005a:29, nota 4). Traduzido, isso parece querer dizer que ele tinha diarreia, taquicardia e desmaios.

[73] O stalinista armênio Anastas Mikoyan. Cf. Pipes (1995:459).

[74] Trotski, 1988:510.

a esperança ilusória de uma recuperação física de Lenin a tentar uma ação independente, para que o Partido entendesse "que se tratava de uma luta de Lenin e Trotski pelo futuro do Partido, e não de uma luta de Trotski pelo lugar de Lenin".[75] Pois uma luta fracionária, àquela altura, "desmoralizaria nossas fileiras a tal ponto que teríamos de pagar um preço muito alto, mesmo em caso de vitória".[76] Se o processo pelo qual o poder caiu nas mãos de Stalin careceu de dramaticidade, é porque se tratou de um drama freudiano, uma psicanálise reversa, em que o *wo es war* freudiano foi virado do avesso: onde havia ego, de repente havia id — os interesses corporativos inconscientes da burocracia prevaleceram sobre seus compromissos programáticos assumidos.

Os historiadores de direita, querendo desmoralizar Trotski por sua suposta hesitação e covardia, apressam-se a dizer que sua recusa em lançar mão de imediato da carta-testamento de Lenin "foi um fator crucial na ascensão de Stalin ao poder",[77] que Trotski "renunciou à estima moral que uma atitude mais corajosa lhe teria granjeado".[78] Tudo isso é péssima literatura popular, mistura de drama de tribunal americano com o libreto do *Don Giovanni* de Mozart, em que se supõe que bastaria Trotski aparecer no Congresso do Partido com evidente surpresa para que o ectoplasma de Lenin, como a estátua do comendador, carregasse Stalin às profundezas infernais. O que aconteceria, muito provavelmente, é que Stalin contestaria a validade do testamento com base no estado de saúde de Lenin, para o que ele contaria não só com uma audiência *a priori* simpática, mas também com o simples senso comum.

Qual seria a possibilidade de um testamento *privado*, com disposições explosivas e contraditórias em relação ao passado, escrito por um doente terminal com dois derrames no histórico recente — e às vésperas de um terceiro —, ser aceito tal qual por um tribunal?

---

[75] Trotski, 1988:501-502.
[76] Ibid., p. 501.
[77] Figes, 1996:802.
[78] Pipes, 1995:481.

52 Trotski diante do socialismo real

Um testamento político explosivo como o de Lenin simplesmente não teria chances de ser considerado pelo Partido, um partido cuja cúpula tinha, praticamente desde a Revolução, bloqueado, sabotado e contestado toda política proposta por Trotski. Bem ou mal, o Partido já decidira havia muito a favor de Stalin quando o Comitê Central — *ad referendum* do Bureau Político — atribuiu-lhe a responsabilidade de manter Lenin em isolamento absoluto.[79]

Como Trotski diria posteriormente, a luta interna no Partido Bolchevique *não* era um jogo de xadrez entre ele e Stalin,[80] mas uma luta *ideológica*, em que estavam em jogo duas concepções rivais do projeto político soviético, as quais refletiam interesses concretos no interior do grupo dominante.

Por mais que a burocracia soviética tivesse a responsabilidade de administrar o Estado socialista nascente, ela o fazia em função de um processo puramente político, e não instrumental. Se há uma coisa que o fim da Guerra Fria nos ensinou, é exatamente o quanto o Estado soviético e seu Partido Comunista, longe de serem os entes totalitários e malevolentes que adoram imaginar os guerreiros frios em seus contos de fadas, eram na verdade entidades frágeis,[81] ideologicamente amorfas,[82]

---

[79] A ordem do Bureau Político, de 24 de dezembro de 1922, estabelecia: "Nem amigos nem qualquer um a seu redor está autorizado a transmitir a Vladmir Ilitch quaisquer notícias de caráter político, dado que tal pode fazê-lo refletir [sic] e ficar excitado" (apud Figes, 1996:797). Tratava-se de uma virtual prisão domiciliar, garantida pelo fato de que Stalin era mantido informado de tudo pelas duas secretárias de Lenin.

[80] Trotski, 1977a:171 ("How did Stalin defeat the opposition?", 12 nov. 1935).

[81] Como afirma um dos historiadores americanos da escola revisionista, basta pensar que a URSS dos anos 1920/30 era ainda uma sociedade predominantemente camponesa; adicionar a isso o fato de que o Partido não tinha quase penetração na população rural (numa data tão tardia quanto 1936, num distrito rural de Smolensk em que 93% da população era rural, 17 de 21 células do Partido eram urbanas) para perceber que a capacidade do PCUS de dirigir "totalitariamente" a sociedade soviética era, no mínimo, reduzida (Getty, 1994:29).

[82] "Ex-oficiais da Guarda Branca, *kulaks* ativos e excluídos previamente do Partido conseguiam facilmente se colocar em suas fileiras e receber carteiras de membros (frequentemente em branco)." Cf. Getty (1994:31).

politicamente viciosas[83] e administrativamente incompetentes.[84] Ora, as intervenções autoritárias de Trotski propunham, desde o início da Revolução, reorganizar a burocracia soviética sob a égide da meritocracia, convertê-la de uma assembleia política num corpo técnico qualificado e ideologicamente compromissado — tudo o que a burocracia efetivamente *não* desejava. Na atmosfera política rarefeita do pós-Guerra Civil, ela acabara por constituir-se num *lobby* ocupado, principalmente, em administrar seus interesses próprios — o que um autor weberiano recente chama de "racionalização do irracional".[85] Os "talentos" administrativos de Stalin não eram exatamente os de um gerente, e sim os de um cortesão — basicamente, uma perversa aptidão para a intriga e para a construção de teias de relações pessoais —, talento que Trotski não podia esperar emular.[86]

Tem-se a impressão de que, num momento qualquer entre o afastamento definitivo de Lenin e sua morte, Trotski percebeu, de forma a princípio intuitiva, que o jogo, desde o início, estava viciado contra ele — ou, mais exatamente, contra o que ele representava. Psicologismos à parte,[87] o que parece ter feito Trotski recuar em suas pretensões foi o temor de que uma tentativa mais incisiva de tomar o poder

---

[83] "Posições de liderança nos anos 1930 eram frequentemente ocupadas por alcoólatras, corruptos, ladrões, molestadores sexuais e similares (...) Repartições menores eram frequentemente ocupadas por funcionários que passavam o dia bêbados." Cf. Getty (1994:31).

[84] Como nota Moshe Lewin (2005a:34), a noção que a liderança stalinista tinha de administração era a seguinte: cada vez que algo dava errado, considerava-se que havia "sabotagem", procurava-se histericamente um "sabotador" obrigatório e, achado um — qualquer um —, este era eliminado como exemplo, tudo o mais ficando inalterado.

[85] Ertman, 1997:321-322.

[86] Se Trotski (1988:525) não tomou parte nos *menus plaisirs* da Versalhes bolchevique, tal se devia ao tédio que lhe provocavam "as visitas mútuas, a frequência aos balés, os coquetéis nos quais se falava mal dos ausentes".

[87] Moshe Lewin (2005a:29) diz que Trotski "estava no ponto mais baixo de sua vigilância política em 1923 [quando] uma coalizão leninista, ou uma maioria em torno das posições de Lenin, ainda era possível". O problema, no entanto, não era esse, e sim a possibilidade de Trotski produzir essa maioria na ausência de Lenin.

poderia facilmente resultar em uma guerra civil na qual ele não teria chance alguma de conservar o poder obtido e na qual seus adversários poderiam perfeitamente ter-se aliado a forças conservadoras em troca de concessões que determinariam, no limite, o fim prematuro da União Soviética e sua conversão numa nota de rodapé da história, tudo combinado a uma desmoralização completa do projeto socialista na esteira de uma querela política sórdida.

Afinal, estava-se em plena época da Nova Política Econômica (NEP), em que a privatização *de facto* da maior parte da economia reduzia o referido projeto socialista quase a uma fachada ideológica em vez de uma realidade concreta; e se as forças burguesas triunfassem naquele momento, a Revolução Russa passaria à história, no máximo, como uma revolução burguesa mais radical, algo que seria situado nos livros de história entre a Revolução Mexicana de 1910 e a tomada do poder por Getúlio Vargas em 1930. Trotski, por sua vez, poderia ter passado às páginas da história ou como um simples radical fracassado, ou talvez, no máximo, como um Hugo Chávez prematuro, um reformista carismático governando pela força de sua personalidade e seu aparato político-militar pessoal, mas, no processo, desfeito de sua bagagem ideológica, a qual ele acabou por preferir mesmo que à custa de seu conforto pessoal.

Intelectual marxista rigoroso, Trotski tinha a convicção de que o sujeito da história, naquele momento, era o proletariado, cuja representação estava em sua vanguarda, o Partido. Por isso, diferentemente de um revolucionário burguês como Robespierre, que, ao acreditar nos princípios abstratos que representava, encaminhou-se à Convenção em 9 de Termidor para fazer um discurso que se pretendia regenerador e que pareceu simplesmente histérico ("tudo se uniu contra mim e contra aqueles que tinham os mesmos princípios"),[88] ele procurou

---

[88] Robespierre, 1999:191.

fazer a crítica concreta das situações concretas. Passada a crise revolucionária inicial, era normal que a ética da convicção cedesse lugar ao empirismo, não só nas massas mas mesmo no Partido: "um bolchevique [não é] sempre e em tudo um bolchevique (...), quando a tensão relaxa e os nômades da revolução têm sua existência regularizada, os traços do homem da rua e do funcionário contente consigo mesmo revivem neles".[89] Se o ser social determina a consciência, nada mais normal que as demandas abstratas do marxismo, naquele momento, levassem a maior parte da cúpula bolchevique a reagir contra elas — ainda que por meio de uma releitura do próprio marxismo: "a revolta (...) contra as exigências da Revolução gradualmente assumiu a forma de uma luta contra o 'trotskismo' [e] sob essa bandeira é que a libertação do filisteu dentro do bolchevique [pôde realizar-se]".[90] Naquela conjuntura, Trotski não poderia ser senão, nas palavras de Lukács/Žižek,[91] "o Hölderlin da Revolução": o estraga-prazeres radical que não é capaz de resignar-se a um presente não heroico.[92]

O problema dessa analogia é que, para Trotski, a situação concreta da Revolução Russa em 1923/24 nada tinha a ver com a situação da França revolucionária de 1794: se no caso francês a vitória da Revolução em nível *nacional* era uma garantia de sua continuidade, no caso da URSS a vitória da Revolução dependia de uma conjuntura *internacional* em que nada estava decidido. Trotski sempre teve presente a necessidade de preservar o curso revolucionário do movimento comunista internacional, o que não era compatível com uma retração da Revolução Russa; se a necessidade de *preservar* certo curso político implicasse autossacrifício, que assim fosse: "não meço o processo histórico pelo metro do meu destino pessoal".[93]

---

[89] Trotski, 1988:524-525.

[90] Ibid., p. 526-527.

[91] O ensaio sobre Hölderlin é de autoria de Lukács, mas a suposta identificação do poeta alemão com Trotski é uma interpretação de Žižek.

[92] Žižek, 2005:335-336.

[93] Trotski, 1988:604.

Isso parece, à primeira vista, a versão marxista do texto evangélico: "não beberei, porventura, o cálice que o Pai me deu?".[94] Ou, numa interpretação menos messiânica: G. A. Ziv, falando do amigo de juventude e companheiro de militância, dizia nas suas memórias que Trotski "amava seus camaradas (...) pois neles amava a si mesmo";[95] e um outro camarada de Trotski, o comissário da educação Lunacharski, dizia que ele estaria pronto a dar a vida pela Revolução para permanecer na memória revolucionária da humanidade.[96] A vaidade de Trotski, sua arrogância e a incapacidade de trabalhar em equipe condizem com o papel por ele assumido na época. Só que essa vaidade estava a serviço de um propósito: a revolução permanente, do modo como ele a concebia e que acabou revelando-se bastante correto. Stalin, para chegar a fins mais razoáveis, de curto prazo, soube revestir-se de qualquer plumagem — mesmo que tirada da liturgia da Igreja Ortodoxa.[97] No enterro de Lenin, Stalin faria um discurso de cunho semirreligioso, utilizando uma mistura "de terminologia marxista com o vocabulário do velho eslavônio", do mesmo modo que durante a II Guerra Mundial restauraria o Santo Sínodo.[98] Mas o que ele conseguiu com este *medley* de tradições autocráticas, a longo prazo, foi objetivamente enterrar a Revolução Russa e torná-la subjetivamente repugnante. Trotski, ao que parece, entendia sua tarefa de modo diverso: contra as limitações concretas da época, tratava-se para ele de preservar uma dada posição política subjetiva, sem a qual as condições concretas não poderiam ser superadas, pois "uma ideia, quando toma a mente das massas, é também uma força material".

---

[94] João 18, 11.
[95] Apud Deutscher, 2003a:30.
[96] Apud Wilson, 1985:503.
[97] Lewin, 2005a:37.
[98] Cf. Deutscher (1982:272, 478). O eslavônio (ou eslavão) é a língua litúrgica comum usada pela Igreja Ortodoxa; o Santo Sínodo é o órgão colegiado que realiza a direção doutrinária da Igreja Ortodoxa Russa.

Entre 1923 e 1924, o que Trotski efetivamente podia fazer, além do que efetivamente fez — buscar organizar uma oposição dentro do Partido —, era tentar uma quartelada. Tal empreitada, além das dificuldades objetivas a ela inerentes, implicaria colocar a questão dos fins e dos meios, ou, mais exatamente, da contradição absoluta entre eles: não se pode construir uma biografia política em torno do tema da emancipação do proletariado por meio da ação revolucionária, só para subitamente apresentar, como substituto desse "programa de verdade", o *pronunciamiento* de um grupo de generais do Exército Vermelho. Como disse Ernest Mandel (1979:74, nota 5), para um revolucionário proletário o objetivo final não é qualquer governo, mas o governo de *classe*;[99] independentemente de este ser possível ou não, essa era certamente a concepção que Trotski tinha de sua atuação política e do significado do projeto político em que estava engajado.

No final das contas, o que objetivamente essa empreitada poderia produzir? Na medida em que esse projeto visava não *arrematar* (como em 1917) mas *substituir* a ação espontânea das massas, ele se daria num vácuo no qual o destino de Trotski seria o de ter de apoiar-se apenas em outra seção da burocracia dominante,[100] transformando-se "num prisioneiro e instrumento"[101] da mesma — certamente mais benévolo que Stalin, mas de antemão *bem mais* desmoralizado perante a opinião socialista mundial. Teríamos algo como a carreira de Hugo Chávez ao contrário: se este, de um populista latino-americano a mais,

---

[99] O que não é hipocrisia nenhuma. Por mais absoluto que seja um governante, ele governa *para* alguém com quem possui uma afinidade eletiva: um rei absoluto quer governar para os gentis-homens; um governante burguês, para os homens de negócio.

[100] Trotski admitia em 1935 que um golpe militar contra Stalin poderia ser efetuado até sem derramamento de sangue imediato, mas com determinados pressupostos objetivos: "Aquele que confiasse nos oficiais para tomar o poder teria de estar pronto a ir de encontro a seus apetites de casta, isto é, dando-lhes uma posição eminente, postos e condecorações — em suma, ter realizado de uma só vez aquilo que a burocracia stalinista tem realizado gradualmente nos últimos 10 a 12 anos" (Trotski, 1977a:175-176, "How did Stalin defeat the opposition?").

[101] Trotski, 1977a:175-176 ("How did Stalin defeat the opposition?").

foi recolocado no poder pelos favelados de Caracas em 2002 para assumir uma aura revolucionária, um Trotski tornado *El Supremo* só poderia ser visto com desprezo, como um marxista degradado ao nível latino-americano... Segundo Keynes, um liberal burguês, a capacidade objetiva da Revolução Russa de projetar internacionalmente seu poder vinha-lhe de sua posição moral;[102] uma Rússia soviética governada por um ditador militar seria apenas mais um país exótico com uma política nacionalista esdrúxula — jamais poderia atuar como a pátria universal de todos os proletários.

A história do mundo está cheia de casos em que líderes extremamente ativos caem, subitamente, na apatia: Aníbal em Cápua, Marco Antônio deixando-se enredar por Otávio, Robespierre e sua fraca reação ao 9 de Termidor. A pergunta que se apresenta diante disso sempre é: por quê? Trotski articula a questão em termos marxistas: se tal ocorre, é porque *alguma coisa aconteceu num nível mais profundo*. A vida política está estruturada conceitualmente, ela não é uma realidade física — daí o papel que nela têm os líderes, programas e consignas. O problema, como dizia Marx, é que esses entes imateriais, para existirem de fato, necessitam responder a alguma espécie de demanda concreta.[103] A um de seus amigos políticos, o velho bolchevique Vladmir Smirnov — que tinha Stalin como "uma mediocridade incolor, uma nulidade" —, Trotski respondeu certa vez que

---

[102] "A Rússia nunca contará seriamente para nós, a não ser como uma força moral. E agora, que (...) não há retorno, eu gostaria de dar-lhe uma chance — ajudar, ao invés de atrapalhar. Pois quão mais — mesmo com tudo considerado — fosse eu um russo, eu preferiria contribuir com minha cota de atividade à Rússia soviética, de preferência à Rússia tsarista! Eu não poderia ser um devoto da nova fé — assim como da velha. Eu detestaria as ações dos novos tiranos — não menos que as dos antigos. Mas eu sentiria que meus olhos estariam voltados na direção de novas possibilidades — não para longe delas; que da crueldade e da estupidez da Velha Rússia nada jamais poderia emergir, mas que, abaixo da crueldade e da estupidez da Nova Rússia, poderia estar escondida alguma centelha do Ideal" (Keynes, 1963:311).

[103] "Não se combate o mundo realmente existente quando se combatem apenas as frases deste mundo" (Marx e Engels, 1976:36).

concordava com a mediocridade, mas não com a nulidade, já que se pode ser medíocre e por isso mesmo exercer um papel político importante: a ascensão de Stalin devia-se ao fato de que "*todos* precisam dele — radicais cansados, burocratas (...) arrivistas, escroques — todos os vermes que rastejaram para fora do solo arado e adubado da Revolução".[104] Inversamente, belas ideias — e belas personalidades — que não encontram uma demanda concreta na qual se apoiarem simplesmente caem ao chão, vazias.

Um pós-moderno como Veyne (1983:96-97) encontraria na situação que acabamos de descrever matéria-prima para ironias: como o senador romano que acreditava nos augúrios — mas os manipulava cinicamente —, os velhos bolcheviques acreditavam piamente no gênio político de Lenin, mas não hesitaram em colocar Stalin como seu carcereiro privado para que o velho líder doente não fosse dar razão a Trotski; e Trotski pintava-se como o sucessor de Lenin, mas para isso interpretava o testamento do líder de acordo com sua conveniência. Para os pós-modernos, seria inútil querer decidir precisamente em que essas pessoas acreditavam verdadeiramente: como os dorzé da Etiópia — que estão convencidos de que os leopardos são cristãos e fazem jejum de carne às quartas e às sextas-feiras, mas que não deixam por isso de vigiar suas cabras nesses dias[105] —, Stalin e Trotski consideravam Lenin genial, mas nem por isso deixaram de usá-lo, na vida e na morte. Trotski, suponho, daria de ombros; ou, mais exatamente, apontaria que, da mesma forma que os dorzé acreditam em muitas coisas mas jamais deixam que suas crenças ponham em risco seus bens,[106] a

---

[104] Apud Suny (1998:148). Trotski (apud Deutscher, 2003c:368) continuaria a sustentar essa ideia até o fim da vida: "O processo da ascensão de Stalin teve lugar em algum ponto atrás de uma cortina política impenetrável. Em algum momento sua figura, em toda a panóplia do poder, destacou-se das muralhas do Kremlin".

[105] Veyne, 1983:11.

[106] Cf. a perfeita obviedade que Trotski, em 1933, lembrava a André Malraux: quando o Papa fica doente, sua primeira reação é a de procurar médicos, e não orações (Trotski, 1979:333, apêndice intitulado "Trotski", de André Malraux).

burocracia do Partido também estava pronta a acreditar em muitas coisas, desde que essas crenças não pusessem em risco seus privilégios de função. E ele, que desejava se contrapor a isso, não podia fazê-lo por meio de uma crítica lógica, mas sim apontando para os problemas *reais* que sua crítica expunha — os problemas dos "indivíduos reais, sua atividade e condições materiais de vida".[107]

Ser socialista não obriga ninguém ao obreirismo ingênuo: a base *social* da ditadura do proletariado não contém sua atividade *política*, do mesmo modo que a modernidade econômica expressa na dominação de classe burguesa não nos levou inevitavelmente à democracia liberal avançada. A contingência histórica pode levar a ditadura proletária tanto a ações emancipadoras quanto a uma regressão autoritária; por essa razão, a oposição ao stalinismo não implica rejeitar o socialismo. Para Trotski, posicionar-se diante da dominação de Stalin não significava negar o caráter social geral do stalinismo — algo que muitos de seus simpatizantes fariam a partir de 1923, querendo ver necessariamente no stalinismo a contrarrevolução e a restauração *sans phrase*. Toda a análise trotskista do stalinismo parte da constatação desta ambiguidade: o stalinismo é a forma política do Estado operário, mas uma forma política *degenerada*, na assimetria de seu conteúdo social. Isso pode parecer uma análise bizantina, um análogo materialista de uma especulação teológica sutil; mas é dessa sutileza que sai uma posição política importante.

Nos 80 anos que se seguiram às primeiras análises de Trotski, a tendência da esquerda seria sempre a de manifestar uma repugnância mais do que justificada diante dos traços autocráticos do stalinismo, como expressos na história das três grandes revoluções socialistas do século XX: os Grandes Expurgos da de 1936-38, a Revolução Cultural chinesa, a deriva personalista da Revolução Cubana. O problema,

---

[107] Marx e Engels, 1976:36-37.

no entanto, como Trotski o expunha, estava em não permitir que a crítica política do stalinismo levasse à inconsciência quanto a seu conteúdo social geral, e com essa inconsciência a uma rejeição genérica do socialismo e à idealização acrítica da democracia burguesa. O proletariado, objetivamente, cumpriu a função que os marxistas dele esperavam: fez a revolução. Mas fazer a revolução não implica instaurar a Utopia ou o Milênio: a realidade social da revolução pode passar por diversas expressões políticas; o fato de a revolução ter assumido uma forma política autoritária não desmente sua ocorrência. É sobre essa forma política que cumpre falar adiante.

II

Trotski, o stalinista fracassado? O debate sobre a militarização do trabalho e os sindicatos

Um dos recursos intelectuais preferidos dos anticomunistas foi tomar a história política (aquilo que os foucaultianos chamam de "intriga") da Revolução Russa e da deriva autoritária contingente e jogá-la no lixo, transformando-a numa *ontologia*, na qual o socialismo se torna uma espécie de *animus* malevolente, com uma *libido dominandi* que move a vontade de seus objetos sempre no mesmo sentido autoritário e perverso:[108] daí a suposição de tais anticomunistas de que se Trotski tivesse hipoteticamente superado Stalin na luta pela sucessão de Lenin, não seria muito diferente deste na imposição de um despotismo revolucionário. A prova objetiva seria a proposta feita por Trotski de reconstrução da economia soviética, no imediato pós-Guerra Civil, por meio da militarização do trabalho e da redução dos

---

[108] O que Paul Veyne (1978:75) faz quando considera que o marxismo, ao submeter tudo às "forças produtivas", remete as causas de qualquer acontecimento ao infinito em lugar de simplesmente falar da inércia das *mentalidades* — "uma coalizão de prudências em que todos são prisioneiros de todos e que engendra uma lei de bronze mais inflexível que todos os materialismos históricos". Não se trata disso: para os marxistas não evolucionistas, como Trotski, as decisões produtivas são, elas também, contingentes; geram um encadeamento de causa e efeito que é histórico porque é irrepetível; as decisões concretas dos bolcheviques vêm da "mentalidade bolchevique", mas essa mentalidade, dependendo da circunstância em que se encontre, pode levar a decisões (e consequências) diversas.

64 Trotski diante do socialismo real

sindicatos a um papel de instituições mobilizadoras. Essa proposta de reforma social ontologicamente totalitária comprovaria que socialismo não seria muito diferente de uma escravidão institucionalizada.

Em nada ajuda ao entendimento concreto dessa questão o fato de os próprios estudiosos marxistas estarem dominados por uma "discursividade" na qual a definição de "democrático" estava fundamentada na tabela normativa de direitos individuais de uma democracia burguesa ideal. É o que leva o próprio Deutscher (2003a, cap. 14 passim), sempre tão simpático a Trotski, a falar na proposta de militarização do trabalho como um traço trágico da biografia de Trotski, que, ao advogar a coerção pura e simples como base do Estado socialista, legitimava de antemão os mecanismos que seriam usados por Stalin para sua destruição política e física. Deutscher (2003a:412-413, 417) não economiza qualificativos negativos ulteriores para o projeto de Trotski: "fora de sintonia com a realidade", "encanto falso atribuído a (...) expedientes lamentáveis" e, finalmente, uma condenação definitiva: "o [seu] único interesse histórico deve-se ao fato de serem talvez a única defesa aberta feita em tempos modernos do trabalho forçado — já que os verdadeiros capatazes e feitores não se preocupam em produzir uma tal justificativa".

Enquanto este texto estava sendo concluído, foi publicada em inglês a introdução de Slavoj Žižek a um texto contemporâneo de Trotski: sua defesa da ditadura revolucionária em *Terrorismo e comunismo*, que trata *en passant* da questão da militarização do trabalho.[109] Žižek, colocando-se abertamente em defesa das políticas bolchevistas do início da Revolução,[110] ataca violentamente o que entende como prurido

---

[109] No texto subsequente, citaremos separadamente a apresentação de Žižek a *Terrorismo e comunismo* (Žižek, 2007), o texto propriamente dito de Trotski (1975a) e a coleção dos escritos militares de Trotski (Trotski 1981b), que incorpora um texto — a defesa por Trotski da militarização do trabalho num discurso diante do III Congresso Panrusso de Sindicatos — que também faz parte de *Terrorismo e comunismo*.

[110] Como ele o admite em sua citação de Antonio Negri, que o chama de "Žižek o Esloveno, que agora se tornou mais ou menos trotskista" (Žižek, 2007:xx, nota 13, prólogo).

"democráticos" (leia-se burgueses) de Deutscher e Mandel, com sua leitura da defesa da militarização como uma aberração alucinatória de Trotski[111] e propõe, inversamente, considerar *Terrorismo e comunismo* "o livro-chave de Trotski, seu texto 'sintomático' que não se deve de forma alguma ignorar de forma polida mas, ao contrário, focalizar".[112] Pessoalmente, não partilho da leitura "imanentista" de Žižek, que parece tomar o texto como uma expressão do trotskismo (ou do bolchevismo) "em si": Trotski escreveu, antes e depois, outros textos igualmente relevantes e com propostas políticas bastante diversas. O que importa, numa análise marxista do texto de Trotski, é entendê-lo como produto de uma conjuntura política concreta e particular a partir da qual deve ser feita sua crítica;[113] mesmo assim, a defesa de Žižek é importante, pois torna "defensável", em sua especificidade, um texto que havia sido jogado na lata de lixo das teratologias políticas.

Evidentemente, não se trata de engajar-se aqui numa tentativa retórica perversa de reabilitar Trotski a todo transe, de torná-lo infalível, um São Pedro do bolchevismo — infalibilidade que Trotski negava ao próprio Lenin, de forma a opor-se à leitura stalinista de seus textos como uma santa escritura.[114] No entanto, acredito que a condenação genérica de sua proposta de militarização, *nos dias de hoje*, tende a nos deixar cegos para uma questão no mínimo igualmente relevante:

---

[111] Žižek, 2007:viii-ix, prólogo.

[112] Ibid., p. ix, prólogo.

[113] "A experiência sobre a qual se baseia a filosofia da práxis não pode ser generalizada; ela é a própria história em sua infinita variedade e multiplicidade" (Gramsci, 1999-2001, v. 1, p. 146).

[114] "Na literatura dos epígonos [Stalin e seus aliados], Lenin é representado sob a mesma luz com a qual os pintores dos ícones de Suzdal representavam Cristo (...) em lugar da imagem ideal, tem-se uma caricatura. Os pintores de ícones, por mais que tentassem sair de si mesmos, acabavam por representar seus próprios gostos, e traçavam sua própria imagem idealizada. Como a autoridade da liderança dos epígonos deriva da proibição da dúvida sobre sua infalibilidade, Lenin é representado, em sua literatura, não como um estrategista revolucionário que mostrava gênio na apreciação das situações, mas como um autômato que produzia mecanicamente decisões impecáveis" (Trotski, 1988:478).

66 Trotski diante do socialismo real

não obstante essa proposta ter sido avassaladoramente *rejeitada* — pelos *próprios bolcheviques* —, tal rejeição em *nada* contribuiu para evitar a deriva autoritária do stalinismo.

Em que consistia, afinal, a proposta? Em sua origem, tratava-se de um conjunto de teses sobre os "Exércitos do trabalho", desenvolvidas por Trotski em 16 de dezembro de 1919, e que se referiam a uma suposta "transição ao serviço de trabalho universal em conexão com um sistema de milícias".[115] Isto é, algo relacionado à desejada transformação do Exército Vermelho, no pós-Guerra Civil, de uma força militar profissional em um sistema de milícias territoriais de civis sujeitos ao serviço militar em tempo parcial, como uma forma de soldar o poder de coerção legítimo do Estado à "sociedade civil";[116] uma reforma que acabou por ser executada experimentalmente, apenas para ser revertida no meio da década de 1930, quando Stalin e seu principal *expert* militar de então, o general Tukhachevsky, restabeleceram o Exército profissional em função tanto das tendências políticas autoritárias da época quanto das exigências burocráticas de qualificação eficiente para o manejo de armas modernas.[117] A proposta resumia-se no seguinte: manter os corpos de tropa excedentes *mobilizados*, mas em vez de conservá-los em regime de "ordem unida", em atividades especificamente militares, dever-se-ia desviá-los para atividades propriamente *civis*, como cavar canais, colher trigo, derrubar árvores etc. Os soldados continuariam

---

[115] Trotski, 1981b, v. 3, p. 47 et seq.

[116] Trata-se aqui da versão original do velho *shibboleth* da direita americana atual e do *lobby* da National Rifle Association: o direito constitucional de o cidadão comum portar armas de fogo é uma *garantia da ordem democrática*, na medida em que o poder de coerção legítima é exercido por meio dos cidadãos comuns organizados como um corpo armado (e não como indivíduos isolados).

[117] Deutscher (2003a:399-400). O general Tukhachevsky — que seria em 1937 violentamente eliminado por Stalin num expurgo devastador —, como militar profissional e ex-oficial tsarista, tendia a ser atraído pelo lado tecnológico das questões militares, e já propusera que o Exército Vermelho fosse organizado como uma força estritamente profissional junto ao próprio Trotski; em 1930, ele reiteraria essa proposta a Stalin (que, interessantemente, considerou a reforma proposta, a princípio, burocratizante). Cf. Deutscher (2003a:401) e Rogovin (1998:403).

com as armas, mas seu manejo seria apenas uma parte do serviço cotidiano: tratava-se de um serviço militar "misto", tanto armado quanto desarmado, e que só seria "militar" quando obrigatório.

Note-se, de saída, o seguinte: Trotski, aproveitando-se de um período de paz mais ou menos prolongado que se anunciava na época em que escreveu suas teses, queria tentar uma reforma militar que rompesse com as exigências weberianas de uma dominação meramente burocrático-legal — a da exclusividade do porte de armas restrito aos militares e policiais profissionais — para experimentar uma reforma de cunho democrático-radical: armar cidadãos *enquanto tais*. Generalizar o porte de armas seria uma forma de diminuir a brecha entre o poder de coerção do aparato de Estado e os interesses da sociedade civil como sujeito do poder político. Em outras palavras, ele queria borrar os limites entre as Forças Armadas e a sociedade civil organizada.

Trotski propunha, adicionalmente, um mecanismo que permitisse uma futura desmobilização maciça do Exército Vermelho, evitando que o potencial humano desmobilizado, sem alternativas imediatas de ocupação produtiva, fosse reforçar as fileiras dos desempregados urbanos, do *lumpen*, do banditismo camponês ou, mais exatamente, dos bandos antibolcheviques, muito numerosos à época.[118] Tratava-se, aliás, de uma questão que, em 1919, todos os países da Europa ocidental já tinham enfrentado antes da Rússia, com resultados, de modo geral, péssimos. Na ausência de uma recuperação econômica imediata, os exércitos de desempregados assim formados tinham, na melhor das hipóteses, se tornado uma questão social não resolvida de irritante persistência; na pior das hipóteses, como na Alemanha[119] e na Itália, haviam servido

---

[118] Trotski (1981b, v. 4, p. 460, nota 7). No verão de 1920, eclodiria a revolta camponesa de Tambov, em que os rebeldes chegariam a ter forças de 25 mil homens e eliminar a autoridade soviética em três distritos inteiros; em inícios de 1921, toda a Rússia europeia encontrava-se mais ou menos infestada de bandos antibolcheviques (cf. Trotski, 1981b, v. 4, mapa 1; tanto o mapa quanto as notas ao texto são traduções do original soviético).

[119] Na Alemanha, as pressões pela desregulamentação da economia de guerra levaram à incapacidade do Estado de atender quaisquer demandas sociais senão pelo uso do déficit inflacionário, que estaria na base de todos os desastres políticos seguintes (Bessel, 1995:123-124).

68 Trotski diante do socialismo real

como base de recrutamento da militância de extrema direita (Hitler e boa parte de seus futuros hierarcas sairiam desse meio).[120] Contrariamente, os Estados Unidos escaparam dessa situação em função de sua recém-instituída hegemonia econômica mundial.

O objetivo, portanto, numa Rússia devastada pela guerra civil e pela política de requisições forçosas do comunismo de guerra era o de planejadamente *retardar* o processo de desmobilização, enquanto se atribuía uma ocupação produtiva a ser preenchida pelos desmobilizados por meio de um plano econômico "pequeno",[121] de simples preenchimento da capacidade ociosa, liberando homens para minas de ferro e carvão, depósitos de pez e xisto (matéria-prima de usinas termelétricas) e fazendas estatais. O que resume o objetivo do plano era o fato de este pretender funcionar como um mecanismo de absorção de mão de obra não qualificada: primeiro, pela convocação dos grupos de idade ainda não recrutados; segundo, pela liberação dos já mobilizados, desde que estes se comprometessem a trabalhar em empreendimentos próximos a seus domicílios.[122] Trotski (1981b, v. 3, p. 49) ressaltava que o serviço de trabalho não deveria ser entendido como uma obrigação *universal*, mas como um instrumento de política econômica que busca elevar o nível de ocupação em determinados lugares e atividades. Pouco depois, ele emitiria uma "ordem-memorando", em 15 de janeiro de 1920, estabelecendo que o Terceiro Exército, estacionado nos Urais, deveria transformar-se no Primeiro Exército Revolucionário do Trabalho para

---

[120] Mesmo antes de o nazismo surgir como um movimento de massa, os grupos paramilitares de extrema direita na Alemanha de 1920 eram formados, em grande parte, de pessoas para as quais o recrutamento era, antes de tudo, um meio de sustento. Daí o ódio ao Tratado de Versalhes, que estabeleceu uma limitação drástica do efetivo das Forças Armadas alemãs (cf. Harman, 2003:153).

[121] Citando o historiador Lars T. Lih, Žižek chama a atenção para o fato de que, quando Trotski falava, nesse contexto, em "plano", não se tratava de construir uma economia centralmente planificada (cujas características específicas seriam desenvolvidas a partir de discussões e lutas políticas posteriores), mas de sair "da devastação atroz (...) para um funcionamento minimamente normal da sociedade" (Žižek, 2007:xii, prólogo).

[122] Trotski, 1981b, v. 3, p. 51.

coletar os excedentes agrícolas regionais, ao mesmo tempo que oferecia aos camponeses serviços especializados de reparo de maquinaria e implementos — o que era obviamente um gesto de boa vontade, depois de anos de excedentes requisitados na ponta das baionetas.[123]

Em si mesmo, não era mais que um plano keynesiano *avant la lettre*, uma maneira de organizar a transição para o pós-guerra sem liberar abruptamente uma massa de homens militarmente aptos e violentos numa economia deprimida para que fossem engrossar as fileiras da marginalidade urbana e/ou dos bandos "verdes" que aterrorizavam o campo. O problema, talvez, tenha sido que Trotski elevou muito cedo o tom retórico. No IX Congresso do Partido Bolchevique, ele conseguiu aprovar um grupo de teses[124] em que defendia (ou teoricamente instituía) um serviço nacional de trabalho para recrutar mão de obra para tarefas de interesse geral. As teses giravam em torno da seguinte ideia:

> Militarizar a economia significa, nas condições concretas da Rússia soviética, que questões econômicas (a intensidade do trabalho, o cuidado com as máquinas e equipamentos, o uso consciencioso de matérias-primas e assim por diante) devem ser tidas, na mente do povo trabalhador e na prática das instituições de Estado, como equivalentes às questões militares (...) A eliminação de quaisquer formas de deserção do trabalho, evasão de responsabilidade, impontualidade, descuido, preguiça e abuso é uma questão de vida ou morte para todo o país e deve ser conseguida no tempo mais rápido possível, mesmo se isso exigir medidas duras (Trotski, 1981b, v. 3, p. 67).

---

[123] Como lamentaria Trotski (1975a:146) mais tarde, o fato é que, na economia pré-revolucionária, se o Estado obrigava o camponês a empregar-se como trabalhador assalariado, ainda que sazonal, para que pudesse pagar seus impostos, o mercado oferecia-lhe bens manufaturados e máquinas, e, em 1920, devido às destruições da Guerra Civil, "a indústria não pôde oferecer praticamente nada às aldeias".

[124] "Sobre a mobilização do proletariado industrial, o serviço de trabalho, a militarização da economia, e o uso de unidades do exército para atendimento às necessidades econômicas" (Trotski, 1981b, v. 3, p. 62-71).

Em outras palavras, Trotski propunha uma *educação para o trabalho* — fazer *conscientemente* o que o capitalismo faz de forma *velada* sob a coerção do desemprego e com muita miséria humana de permeio. Se isso é "opressão", só o é na medida em que há quem ache que o direito de cair morto onde se bem entender é uma forma de liberdade.[125] Eram, na verdade, propostas extremamente conservadoras: visavam simplesmente garantir uma "defesa da sociedade"[126] assegurando a inserção social de pessoas deslocadas.[127]

Exatamente por isso, tais propostas foram combatidas dentro do Partido em função do *democratismo* do qual os bolcheviques ainda se consideravam os defensores: Trotski foi caracterizado, de saída, como um "novo Arakcheev" — o ministro do tsar "dos gendarmes" Nicolau I, tristemente famoso por suas colônias militares.[128] A militância de base bolchevique — e grande parte da alta hierarquia — não sentia simpatia, em princípio, pela ideia de converter o Partido numa instituição total: contra o pan-óptico benthamiano apresentado por Trotski, propunham a livre-associação dos produtores. Lamentavelmente, nas condições concretas da época, a proposta alternativa era uma receita para o caos; a ausência de possibilidades de ocupação produtiva e a miséria generalizada

---

[125] Sobre o declínio geral da participação dos salários na distribuição de renda de uma "livre" economia mundial globalizada, ver Chossudovsky (1999:69-70).

[126] Como diria mais tarde Polanyi (1980:43) diante da desorganização total da sociedade no caos do pós-I Guerra Mundial, Trotski — tanto quanto os bolcheviques em geral —, por mais ardentes que fossem suas profissões de fé revolucionárias, tinha como primeiro objetivo *restaurar a ordem*, e a militarização do trabalho era uma medida da mesma ordem de objetivos que a restauração do padrão-ouro levada a cabo pelo camarada de Trotski, o comissário das Finanças Sokolnikov.

[127] A não ser que se fosse contar que a população desmobilizada fosse absorvida pela auto-ocupação no campo. Mas, como diria Trotski (1975a:166, grifos meus) em 1920, este era o ponto de partida da proposta de militarização: "*Se não queremos transformar o país inteiro num Estado camponês*, temos de preservar nossos transportes, ainda que a um nível mínimo, e garantir pão para as cidades, combustível e matérias-primas para a indústria, rações para o gado". E que nível de vida poderia esperar uma sociedade russa totalmente ruralizada, aliás?

[128] Cf. Deutscher, 2003a:411.

fizeram com que os anos 1920/21 (pós-Guerra Civil) fossem marcados pelas revoltas de massa contra os bolcheviques, das quais o levante militar de Kronstadt e a rebelião camponesa de Tambov seriam apenas as duas ocorrências mais importantes, entre muitas outras, e das quais o regime soviético só conseguiu se livrar exacerbando os traços autoritários que a oposição a Trotski pretendia evitar.

Isso quer dizer que a militarização do trabalho — por meio de uma aceleração da recuperação econômica — poderia ter garantido um módico de paz social capaz de salvar os traços democráticos do regime soviético? Simplesmente não há como saber. A devastação, a miséria, a fome e a destituição eram, de qualquer modo, talvez grandes demais para que qualquer taxa de crescimento econômico possível viesse a ter efeitos políticos e sociais relevantes a curto prazo[129] — se bem que uma recuperação mais rápida da economia industrial pudesse ter evitado, em alguma medida, a separação econômica disfuncional do campo e da cidade, própria da época da Nova Política Econômica (NEP) e que estaria na base da coletivização stalinista dos anos 1930. Importante é que a grande ironia histórica do episódio foi a de ter mostrado que a defesa decidida de liberdades e direitos, individuais e grupais, acabou gerando as condições concretas para sua eliminação.

Contrariamente às descrições predominantes na historiografia, durante os primeiros anos do regime soviético, Trotski, em sua ação de governo, caracterizou-se em geral pela insistência no pragmatismo, por menos charmoso (e libertário) que este fosse: colocou-se a favor de um exército profissional, do fim do comunismo de guerra, da militarização do trabalho e por não levar a revolução à Polônia na ponta das baionetas. Nesses episódios, acabou frequentemente tendo de confrontar-se ao entusiasmo irrealista cujos porta-vozes eram, por vezes, Stalin e o

---

[129] O ano de 1921 seria o da Grande Fome, produzida basicamente pela baixa semeadura (produto das requisições do comunismo de guerra), combinada com baixas colheitas (cf. Suny, 1998:149).

72 Trotski diante do socialismo real

próprio Lenin. Em todos esses casos, o que a insistência no democratismo aparente produziu foram desastres que só puderam ser remediados mais tarde, aumentando a dose de autoritarismo para muito além do que teria antes sido necessário. A militarização do trabalho, se adotada a sério, talvez tivesse esvaziado revoltas como a de Tambov, que, uma vez começada, só pôde ser reprimida pelos meios mais brutais.

A despeito do que gostam de dizer em seus contos morais os anticomunistas, os bolcheviques não eram, em suas origens, o grupo de burocratas profissionais totalitários e sedentos de vontade de potência que se pensa: muito pelo contrário, eram em grande parte militantes e agitadores políticos sem muitas virtudes burocráticas. Como conta Trotski (1988:370), foi extremamente difícil para Lenin impedir que seus associados gastassem o tempo das reuniões administrativas com retórica esquerdista. Por isso, erravam feio, colocavam-se em risco extremo e muitas vezes reagiam movidos pelo medo. Ao buscarem a "revolução permanente" e o que Marx chamava de "ilusão política", acabaram, como Robespierre, lançando mão do "terror permanente". O terror de Stalin foi, em grande parte, produto de sua incompetência em prever a crise final da NEP e as consequências da execução atabalhoada dos primeiros Planos Quinquenais.

No entanto, por mais que fossem ideólogos, os bolcheviques também eram administradores diante de questões concretas — algo que a historiografia subsequente teve grande dificuldade de perceber, na medida em que os historiadores da URSS eram e são, eles também, ideólogos que escreviam e escrevem em função de suas agendas políticas —, à diferença de que, diversamente dos ideólogos bolcheviques, eles não têm de tomar decisões administrativas concretas.[130]

Não faz sentido oferecer, por exemplo, como única explicação para as propostas de militarização de Trotski, que ele era movido por

---

[130] Neste ponto, concordo plenamente com Veyne (1983:97): "Por mais que a religião, a política e a poesia sejam as coisas mais importantes deste mundo ou do outro, elas não deixam de ocupar uma parte reduzida [da vida prática] e aceitam tão mais facilmente serem contraditas na medida em que essa contradição não é sentida".

Trotski, o stalinista fracassado? 73

uma "utopia administrativa" de tipo tsarista:[131] Keynes, numa conjuntura semelhante, propôs mobilizar desempregados para cavar buracos num dia e tapá-los no outro,[132] e sua visão ideológica de mundo situava-se em grande parte nos antípodas de Trotski.

Trotski propôs, no início de 1920, antes de tudo, *to talk business*: "começar com o básico — pão e combustível. Precisamos abastecer as fábricas com madeira e carvão. Precisamos alimentar os trabalhadores".[133] Simples assim. Numa conjuntura econômica crítica, ele tentava lançar mão dos remédios possíveis e disponíveis. Não podia ser de outro modo, já que em fevereiro do mesmo ano ocorreria o episódio imortalizado por vários outros historiadores: o trem especial do comissário da Guerra foi interrompido pela neve acumulada na linha e lá ficou parado durante 19 horas, no meio do nada, enquanto os funcionários teoricamente responsáveis davam desculpas dignas de personagens de Gogol pela sua inação.

> Vladislavlev, que estava encarregado do setor n° 6, decidiu que o trem especial iria passar "de algum modo" [e quando finalmente] mandou seu assistente Stroganov e o capataz sênior do setor, Vlasov (...), estes dois sujeitos (...) alegaram doença (...) Mais tarde, eles explicaram que não haviam se recusado categoricamente a ir, mas que tinham se sentido "indispostos". (...) Vodyanov, o líder de turma, chegou com seus homens só 10 horas depois da parada do trem. O supervisor de linha do segundo setor, Seligin, disse estar doente.[134]

---

[131] Figes, 1996:725.

[132] Segundo Keynes (1986:378), se o Estado tem a capacidade de determinar o volume geral de gastos e, com ele, a renda geral da sociedade e o estoque geral de capital, independentemente do regime de propriedade dominante, por que não fazê-lo?

[133] Trotski, 1981b, v. 3, p. 72-73 ("Bread for the hungry! Fuel for the cold!", 8 fev. 1920).

[134] "*Who is ruining transport? Who is destroying the railways? Who is condemning the population to hunger and every other form of hardship?*" (9 fev. 1920). Cf. Trotski, 1981b, v. 3, p. 74-77. (Tradução livre: "Quem está arruinando o transporte? Quem está destruindo as ferrovias? Quem está condenando a população à fome e a todo tipo de privação?".)

74 Trotski diante do socialismo real

Diante da situação, não é de espantar que Trotski tenha declarado a linha como área militar , de forma a colocar os acusados diante de uma corte marcial... É bem pouco provável que ele tivesse algum objetivo ideológico em mente.

Referências a esse episódio são muito comuns entre historiadores direitistas — especialmente porque servem de pretexto para falar na alma russa e no *knute* [chicote] como única linguagem inteligível para os mujiques bêbados. Pessoalmente, prefiro uma explicação alternativa: a disciplina do trabalho industrial não é um estado natural, e depende de uma série de estímulos históricos, positivos e negativos;[135] na situação concreta da Guerra Civil russa, os estímulos positivos eram quase inexistentes, e o recurso aos negativos, inevitável. Trotski propôs ambos: para reforçar o lado positivo, rações melhoradas para as unidades que se destacassem, com bônus de tabaco e chá;[136] do lado negativo, horas extras sem pagamento, trabalho pesado e sujo como punição, detenção militar e equiparação da evasão do trabalho com a deserção.[137] Mais uma vez, tratava-se de um problema de práxis concreta: disciplinar homens violentos e indisciplinados[138] e fazê-los produzir alguma coisa.[139] Não para menos, ele acabou citando São Paulo:

---

[135] "Como regra geral, o homem evita o trabalho. O amor ao trabalho não é uma característica inata: é criado pela pressão econômica e pela educação social" (Trotski, 1981b, v. 3, p. 98, "About the organisation of labour").

[136] Trotski, 1981b, v. 3, p. 97 ("On the Labour Army", 23 mar. 1920).

[137] Ibid., p. 89-91 ("Ordem do Conselho Militar Revolucionário", 3 mar. 1920).

[138] Como diria Trotski, as primeiras tentativas de utilizar-se mão de obra militar para trabalhos simples (coleta de madeira para combustível) eram fantasticamente ineficientes: "Para a preparação de um *sazhen* [2,13 metros] cúbico de madeira, tinha-se de despender 13 a 15 dias de trabalho, quando o padrão normal (...) é geralmente calculado em três dias". Mas resolvidos os problemas mais óbvios — aquartelar os trabalhadores mais próximos das florestas, treinar os inexperientes — conseguiu-se um índice de produtividade de 4,5 dias por *sazhen*... (Trotski, 1981b, v. 3, p. 121-122, "About the organisation of labour").

[139] Dizer, portanto, como o faz Figes (1996:725), que "tudo não passava de um sonho burocrático" e que os exércitos do trabalho eram "fantasticamente ineficientes" é um exercício sobre o óbvio. Trotski tinha a seu dispor uma reserva de mão de obra subutilizada,

"se alguém não quer trabalhar, então não coma. Pois, de fato, estamos informados de que entre vós há pessoas que andam desordenadamente, não trabalhando; antes, se intrometem na vida alheia".[140]

Gramsci (1999-2001, v. 4, p. 266), ao comentar esse texto bem mais tarde — e desejoso de marcar seu desacordo ideológico com o trotskismo —, considerava que o erro de Trotski consistiu em não haver percebido que "os novos métodos de trabalho são indissociáveis de um determinado modo de viver, de pensar e sentir a vida: não é possível obter êxito num campo sem obter resultados tangíveis no outro". Perfeito em tese, mas Trotski não ideologizava nem planejava a longo prazo: ele enfrentava uma situação urgente com os meios imediatamente disponíveis.[141]

Gramsci reutiliza para fins de polêmica sectária o argumento adotado pelos mencheviques (que em 1920 eram ainda legais, e tinham representação nos sovietes e sindicatos) de que "o trabalho compulsório é sempre de baixa produtividade". O problema, diz Trotski, é que ao falarmos em trabalho compulsório, pressupomos a existência, em algum lugar, do trabalho "livre" — que só poderia ser o trabalho

---

e *qualquer* coisa que fosse produzida por essa reserva seria melhor do que a ociosidade absoluta. O historiador econômico R. B. Day (2004:45), por sua formação de economista, percebe melhor o que estava em jogo: as políticas de Trotski "nada tinham de irracional. (...) Como seus contemporâneos, [ele] exagerava o grau de destruição física do estoque de capital russo. Mas [não obstante] até que as instalações industriais ociosas pudessem ser colocadas de novo em operação, era perfeitamente razoável considerar o trabalho um fator de produção 'livre' e utilizá-lo da forma mais extensiva possível".

[140] 2 Tessalonicenses 3, 10-11, tradução de João Ferreira de Almeida, apud Trotski (1981b, v. 3, p. 100, "About the organisation of labour"). Como observa Paul Veyne (1976:694-695), não se trata aqui, pelo menos ainda, de ética do trabalho: "A moral cristã não era, como a antiga, uma receita de felicidade, mas um dever de obediência feliz. É o que dará boa consciência ao Estado, quando este sentir em si força suficiente para erigir em máximas de governo as regras da vida monástica e lutar nas manufaturas contra a preguiça natural às populações urbanas".

[141] "A estratégia de *udarnost* [trabalho de choque] [de Trotski] era uma tentativa de concentrar recursos em 'gargalos' que não podiam ser abertos [naquele momento] através da importação de mercadorias, materiais e equipamentos" (Day, 2004:45).

assalariado capitalista, cuja "liberdade" qualquer marxista sabe ser meramente formal e que, historicamente, foi *imposto* a camponeses, vagabundos e outros por dois meios: a obrigatoriedade pura e simples e a doutrinação ideológica.[142] É óbvio que o programa socialista pressupõe a abolição dessas formas de compulsão ao trabalho; mas, ao menos em parte, pela *internalização* da repressão externa por meio de uma ética do trabalho — internalização muito pouco desenvolvida numa Rússia camponesa chegada às portas do socialismo pela via da revolução permanente. Trotski conclui:

> Nenhum socialista sério negará ao Estado operário o direito de agir sobre o trabalhador que se recusa a cumprir seu dever [a não ser] o caminho menchevique de transição ao socialismo, [que] é uma Via Láctea sem ditadura revolucionária e [portanto] sem a militarização do trabalho (Trotski, 1981b, v. 3, p. 108, "About the organisation of labour").

Infelizmente, para a compreensão objetiva das coisas, não eram apenas os mencheviques que tinham essas ideias.

Uma das modas da Rússia da época era a orquestra sem maestro, a *Persimfans*,[143] exemplo de uma comunidade "socialista e igualitária".[144] Porém, o socialismo pressupõe o aprendizado prévio da sociabilidade na escola da burguesia, ou, mais exatamente, a autorrepressão naturalizada: o que não existe numa periferia capitalista na qual a dominação burguesa se apoiou sobre formas arcaicas de compulsão econômica. Não havendo a autorrepressão prévia, é a compulsão externa que terá de tomar seu lugar, em alguma medida.

---

[142] Trotski, 1981b, v. 3, p. 105-106 ("About the organisation of labour").

[143] Abreviação de *Pervïy Simfonicheskiy Ansambl' bez Dirizhyora* (Primeira Orquestra Sinfônica sem Maestro), que foi criada por Lev Tseitlin em 1922, atuando em Moscou até 1932.

[144] Cf. Haynes, 2002:58.

Até então, Trotski vinha propondo remédios tópicos. O problema começou quando ele intentou generalizá-los. Primeiro, durante a Guerra Russo-Polonesa de 1920, ele militarizou a administração das ferrovias, substituiu os líderes sindicais eleitos por nomeados seus, obtendo bons resultados: o estoque nacional de equipamento ferroviário foi minimamente reabilitado. A partir desse êxito, propôs uma "sacudida": substituir *toda* a direção dos sindicatos por funcionários nomeados. Os sindicatos passariam a ter funções basicamente de organizações sociais (educativas e mobilizadoras), e a defesa dos interesses específicos dos trabalhadores (salários e condições de trabalho) seria de competência do aparato do Estado nacional.[145] O escândalo da militarização do trabalho começou aí. Trotski tinha ido "longe demais" e Lenin convenceu o Comitê Central do Partido primeiro a emitir uma resolução contrária e, depois, a impor a Trotski o silêncio público sobre a questão.[146]

Nos 90 anos seguintes, o episódio serviu de trampolim a todos os que queriam, por uma razão ou por outra, caracterizar Trotski como um totalitário e negar que ele pudesse ter sido uma alternativa a Stalin — incluindo a censura empreendida pelo próprio Lenin. Que a proposta era perigosa, não há dúvida; ela negava aos trabalhadores qualquer instrumento de defesa imediata contra abusos — físicos, econômicos e morais — que viessem a ser cometidos por burocratas "produtivistas", e Stalin teve seu momento de finura irônica quando chamou Trotski de "patriarca dos burocratas".[147]

Essa ironia, contudo, não encerra a questão. Qualquer um que tenha folheado O *que fazer?* sabe das restrições de Lenin à consciência sindical espontânea da classe trabalhadora: sua tendência, como classe explorada, a aceitar a exploração capitalista como dada e a esgotar-se em lutas por meros termos de barganha mais favoráveis. A isso

---

[145] Trotski, 1981b, v. 3, p. 114 ("About the organisation of labour").
[146] Deutscher, 2003a:418-419.
[147] Ibid., p. 419.

se pode acrescentar a tendência dos sindicatos ao corporativismo, à busca de vantagens setoriais em detrimento dos interesses gerais da classe como um todo.[148] Pode-se pensar no objetivo de Trotski da seguinte maneira: nas condições objetivas da época, tratava-se de lançar um programa mínimo de recuperação econômica geral, o qual não poderia ser interrompido por reivindicações setoriais de categorias mais bem organizadas e/ou bem situadas; a partir dessa recuperação, poder-se-ia conceber uma lista de direitos sociais mínimos garantidos a todos os trabalhadores. Bem ou mal, o aparelho de Estado incluía uma representação operária pela via do Congresso dos Sovietes, que ainda não tinha sido reduzido a um papel meramente figurativo.

Além do mais, a questão da militarização do trabalho, em 1920, colocava-se sobre o pano de fundo da questão das práticas gerenciais das indústrias nacionalizadas, que vinham sendo administradas coletivamente por juntas de técnicos e sindicalistas, num arranjo extremamente ineficiente — ao qual não seriam estranhas tentativas dos sindicalistas de obter toda espécie de regalias possíveis —, o que, na ausência de um excedente a ser distribuído, era uma receita certa para o desastre; e Lenin acabaria por decidir a favor da generalização do princípio da gerência individual (*edinonachalie*), que permitia estabelecer metas e cobrá-las de um responsável definido.[149]

Em oposição tanto a Lenin quanto a Trotski é que se organizaria, à época, a chamada Oposição Operária no Partido Bolchevique, cuja

---

[148] Se assim desejarmos, é claro que podemos considerar que a representação do interesse geral seja a "ditadura" do aparato dirigente *sobre* todas as classes, e não a ditadura *da* classe (cf. Fausto, 2004). O problema é que, ao fazer isso, esvaziamos o conceito de representação, pois nesse caso só uma democracia direta universal é que não seria uma ditadura.

[149] Segrillo (2000:63). Registre-se a avaliação de nosso inefável Richard Pipes (1995:450), que, narrando o episódio, acusa Lenin de haver introduzido a gerência individual contra os desejos do Conselho de Sindicatos em geral e dos mineiros de Donbass em particular, o que é estranho para um direitista que deveria estar sempre pronto a censurar "privilégios" de sindicatos mais bem organizados, a não ser que tal princípio só se aplique aos sindicatos *vis-à-vis* dos capitalistas privados...

recordação histórica tem alimentado desde então toda espécie de críticas ao bolchevismo pela extrema esquerda — críticas que acabam por assemelhar-se muito às da extrema direita, como veremos.

O surgimento da Oposição Operária como força política deu-se já durante o IX Congresso do Partido, em 1920, quando um grupo de bolcheviques eminentes, liderados por Alexandra Kollontai e o comissário do trabalho Shliapinikov, resolveu não apenas defender o princípio da gerência coletiva como forma-padrão de organização industrial, mas também, posteriormente, sustentar sua generalização à economia como um todo.

No final de 1920, a V Conferência Panrussa de Sindicatos, por intermédio do bolchevique Rudzutak, apresentou um conjunto de teses de compromisso.[150] Propunha-se que a gestão de uma futura economia planificada fosse realizada por um "Congresso de Produtores" eleito por "associações produtivas", que estaria encarregado de elaborar algo semelhante a uma peça orçamentária, na qual se listariam as metas de produção e, em conexão com elas, um plano de salários. A proposta era no mínimo vaga no que diz respeito a soluções práticas; apenas expressava claramente uma oposição ao que considerava propostas burocráticas como as de Trotski: *"métodos e ordens burocráticas não funcionarão (...) os departamentos econômicos dos sindicatos e suas organizações devem ser efetivamente transformados em poderosas e expeditas alavancas para uma participação sindical sistemática na organização da produção"*.[151] Em janeiro de 1921, durante o X Congresso do Partido, Shliapnikov, em oposição a Lenin, fez um discurso propondo algo como a "sindicalização" do Estado — isto é, a conversão dos sindicatos em sujeitos da atividade planificadora.

Propostas simpáticas, com sabor "democratizante", mas absolutamente ineptas. Não é para menos que Lenin refutou-as simplesmente

---

[150] Comentadas por Lenin (1977, v. 32, p. 38-40, "On the Trade Unions: the present situation and Trotski's mistakes", 30 dez. 1920).

[151] Lenin, 1977, v. 32, p. 39.

80 Trotski diante do socialismo real

lembrando que os sindicatos, enquanto tais, não tinham condições objetivas de administrar *nada*:

> Qualquer trabalhador sabe administrar o Estado? Aqueles que trabalham na esfera prática sabem que isso não é verdade (...) Nem sequer abolimos o analfabetismo (...) Quantos trabalhadores estão no governo? Em toda a Rússia, alguns milhares, não mais. Se dissermos que são os sindicatos, e não o Partido, que devem apresentar candidatos e administrarem, isso pode parecer muito democrático e nos dar alguns votos [mas] será fatal para a Ditadura do Proletariado (Lenin, 1977, v. 32, p. 61-62, "The Second All-Russia Congress of Miners", 25 jan. 1921).

Nenhuma classe *socialmente* dominante administra *politicamente* de forma direta — ela o faz por meio de uma liderança legítima. É fácil entender o que Lenin temia da Oposição Operária: uma queda na demagogia, criando uma prática distributiva capaz de propor mais salários e menos horas de trabalho, o que as condições objetivas da época simplesmente não comportavam[152] e que acabaria por forçar a volta ao capitalismo como única alternativa viável. Mas isso não quer dizer que Lenin apoiasse as posições de Trotski e de seus aliados, em que ele via uma ausência de compreensão absoluta, precisamente, do problema da legitimidade política,[153] ao partirem da ideia de que tudo que fosse proposto, em princípio, pela liderança bolchevique, fosse *ipso facto* conforme ao interesse de classe do proletariado — daí sua famosa frase: "temos de fato um Estado Operário (...) com distorções burocráticas [e se vamos]

---

[152] "Qual a maior oferta? Aqueles que queiram prometer mais 'direitos' aos não membros do Partido unam-se em ocasião do Congresso do Partido Comunista Russo!..." (Lenin, 1977, v. 32, p. 52, "The Party crisis", 19 jan. 1921).

[153] "Vou repetir: as verdadeiras diferenças não estão onde o camarada Trotski as vê, mas na questão de como se aproximar das massas, ganhá-las para sua posição e manter-se em contato com elas" (Lenin, 1977, v. 32, p. 23, "On the Trade Unions: The present situation and Trotski's mistakes", 30 dez. 1920).

absorver o que há de sadio na 'democrática' Oposição Operária, [não necessitamos] nos prender ao que ela tem de doentio".[154]

Não há nada de antidemocrático em tais considerações. Lenin queria lembrar apenas que, *primo*, nenhum programa político deriva das ações espontâneas dos indivíduos enquanto tal, daí a necessidade absoluta de uma vanguarda política; no entanto, *secundo*, essa vanguarda não mantém uma relação de identificação metafísica com as massas que representa, daí a necessidade de um mecanismo qualquer de legitimação *concreta* de sua autoridade.

O uso de fontes secundárias tão virulentamente reacionárias quanto as histórias de Pipes e Figes nos permite ter um ponto de vista a partir do qual podemos ter certeza — quando um desses textos o admite —, retrospectivamente, do *animus* democrático dos bolcheviques. Como o próprio Figes (1996:764-765) reconhece, a plataforma sindical de Lenin no X Congresso (que não chegou a ser votada tal qual)

> receberia uma maioria substancial de qualquer modo [pois] oferecia um compromisso bem-vindo entre o supercentralismo de Trotski e o "sindicalismo" da Oposição Operária, restaurando a posição do IX Congresso, pela qual o Estado continuaria a administrar a indústria (...) e consultar os sindicatos sobre as nomeações gerenciais.

Lenin, temendo pela unidade do Partido[155] — e pelo próprio regime soviético, uma vez que a rebelião dos marinheiros de Kronstadt

---

[154] Lenin, 1977, v. 32, p. 48, 51 ("The Party crisis", 19 jan. 1921).

[155] Figes (1996:765), naturalmente, diz que Lenin queria "vingar-se" da Oposição Operária, o que é absolutamente falso: ele estava, no mínimo, tão irritado quanto com Trotski (e seu aliado de ocasião, Bukharin), a quem acusou de insistir numa posição fracionária: "do ponto de vista da democracia formal, Trotski tinha todo o direito de apresentar sua plataforma [mas] do ponto de vista do interesse revolucionário, isso foi insistir no erro além de qualquer proporção e *criar uma facção*, a partir de uma fundação falha" (Lenin, 1977, v. 32, p. 46, "The Party crisis"). Por essa razão, Day (2004:43) considera que a "duplicidade" de Lenin teria tido como seu verdadeiro alvo Trotski, cujo prestígio

tinha estourado —, resolveu tentar uma solução de emergência, e conseguiu aprovar em votação a famosa resolução que impedia a formação de facções permanentemente organizadas dentro do Partido, a qual daria a base legal de todos os expurgos subsequentes.

Os bolcheviques estavam naquele momento diante de uma cisão tão completa entre o seu papel *subjetivo* de partido de vanguarda de uma classe e o interesse *objetivo* das massas operárias (divisão que se traduzia numa ruptura entre a base e a cúpula do próprio Partido), que Lenin só conseguiu resolver praticamente a questão por meio de uma manobra intelectual digna de um teólogo bizantino especulando sobre a dupla natureza de Cristo, numa espécie de monotelismo político: o Partido está, internamente, cindido entre seu lado "humano" (a base) e seu lado "divino" (a cúpula); no entanto, externamente, possui uma só vontade — a do Comitê Central. Era, paradoxalmente, uma posição de compromisso — *camaradas, divirjam o quanto vocês quiserem, mas respeitem o centralismo democrático*. Se o Partido fosse intrinsecamente ditatorial, não precisaria dar-se tanto trabalho para se tornar uma ditadura[156] — é só comparar a história interna dos bolcheviques à do PC Chinês, que praticamente nasceu stalinizado. Mas as divisões concretas eram tantas e tão agudas que a ditadura da Secretaria-Geral acabou por apresentar-se como a solução mais econômica e viável.

A intensidade das lutas fracionárias no Partido Bolchevique nos anos 1920/30 foi, em grande parte, menos um produto da natureza antidemocrática do Partido do que de seu *democratismo*. Diferentemente

---

foi publicamente arranhado, na medida em que foi responsabilizado solitariamente por políticas antes defendidas por todo o Comitê Central, cujos membros teriam, no X Congresso, "resgatado seu prestígio a expensas de Trotski".

[156] Há quem considere a explicação da proibição de facções pelas necessidades da conjuntura "fraca" (cf. Salvadori, 1986:317). Contudo — de acordo com o princípio da Navalha de Occam —, ela é bem mais simples do que a explicação alternativa da proibição como um sintoma do autoritarismo ontológico dos bolcheviques, que deixa no ar a questão de por que a proibição foi adotada tão tardiamente, e num primeiro momento, sem qualquer oposição de monta...

dos partidos burgueses, o bolchevismo não tinha uma cultura política heteronômica, de separação absoluta entre representantes e representados: a passagem da militância da base à cúpula fazia-se com relativa facilidade, a partir da prática do ativismo e da preparação ideológica prévia. A situação era análoga à apresentada por Finley ao descrever a democracia direta dos antigos: onde não há *representação formal* (dada pela separação entre a cúpula partidária e uma base de eleitores passivos) não há hierarquia clara de posições de poder; todos têm autoridade para falar e decidir. Se esse poder é exercido, em última análise, numa assembleia pública, ou semipública (e não num gabinete fechado) — não importa quão limitada seja a assembleia —, a atividade política torna-se, em grande parte, um "concurso de gritos";[157] quanto mais porque os sujeitos do poder vivem uma relação "cara a cara", contínua e estressante.

Junte-se a isso a premência das questões a decidir, o clima geral de escassez e medo, e acaba-se por descobrir que o melhor meio de vencer definitivamente uma discussão é "quebrar o adversário, por desqualificação moral, penas financeiras ou, melhor ainda, pela sua remoção física através do exílio ou da morte".[158] A intensidade homicida dos Grandes Expurgos foi algo em que mesmo Stalin só mergulhou gradualmente, à medida que a resistência — mesmo que passiva — de seus colegas aumentava.[159] A exigência de estabelecer uma ordem hierárquica estrita,[160] porém, acabou por tornar inevitável a repressão em

---

[157] Lenin, 1977, v. 32, p. 52, "The Party crisis".

[158] Finley, 1991:119.

[159] Essa resistência era inevitável, inclusive por basear-se num mal-entendido cada vez mais profundo sobre o papel da militância do Partido, que teria de deixar de ser a condição de sujeito do poder e a prática do ativismo para converter-se numa burocracia no senso estrito da palavra, uma coleção de funcionários exercendo funções administrativas rotineiras. Cf. Lewin (2005a:43-44).

[160] "A atividade do revolucionário profissional e a do político profissional exigem uma escolha de táticas e estratégias diferentes. [Quando] a unidade de pensamento desaparece e se dispersa em uma série de diferentes 'plataformas' (...) na ausência de debate político

massa.[161] O remédio alternativo, no caso, teria sido apelar às massas como *referee* — só que as massas estavam tão devastadas pela guerra e pela fome que não se podia arriscar ouvi-las.[162]

Ao trazer as massas para dentro da atividade política legítima, durante uma situação crítica, o bolchevismo impossibilitou a geração de um consenso político por mero arranjo de cúpulas: ele tinha apostado por muito tempo numa relação "face a face" com suas bases para produzir um consenso sobre as mesmas. Esse consenso teria de ser gerado de forma autoritária, mas, ainda assim, inclusiva: por meio da aceitação ativa de uma liderança carismática. A saída proposta por Trotski era a de, num primeiro momento, empregar esse necessário impulso autoritário para a resolução das tarefas econômicas mais urgentes e, subsequentemente, num clima materialmente mais propício, retomar o debate político de forma mais livre. A solução temporária de Lenin

---

livre, os choques adquirem o caráter de combinações e blocos nos escalões superiores, e o resultado é uma situação em que as relações de camaradagem, a atenção e o respeito pelas opiniões, convicções e experiências [de outrem] tornam-se fracas e finalmente desaparecem" (Rogovin, 1998:220-221).

[161] "A filiação ao Partido, antiga ou recente, tornou-se irrelevante — ou mesmo perigosa. Stalin tinha contas a ajustar com muitos membros de seu suposto partido, inclusive com alguns que lhe haviam oferecido os instrumentos para tal. Com o Partido domesticado e a polícia (...) diretamente subordinada ao 'líder', o caminho estava livre para o mando pessoal de Stalin, sem 'sentimentalismo' ou controles" (Lewin, 2005a:77).

[162] Razão pela qual o primeiro biógrafo maior de Stalin, Boris Souvarine — militante do PC francês que se aproximaria da oposição trotskista dos anos 1920 para depois romper com Trotski e começar uma deriva para o anticomunismo primário que o ocuparia durante o resto de uma longa vida —, dizia não conseguir entender a estratégia da oposição de esquerda: "Para Trotski, o Partido cessou de ser um partido; o Partido está estrangulado, mas continua a ser, sempre, sagrado, intocável e tabu (...) A oposição faz praça de leninismo dogmático e místico, sufocando debaixo de uma avalanche de citações capciosas das Escrituras (...) o Povo, a quem falta tudo e que só tem deveres e nenhum direito (...) O que resta de opinião pública (...) não distingue nem Esquerda nem Direita no bolchevismo degenerado, e — com mais razão ainda — nem o Bem nem o Mal" (Souvarine, 1985:385). Souvarine não entendeu que era exatamente a situação concreta do "povo" que tornava impossível politicamente que a oposição tentasse dirigir-se às massas, na medida em que isso significaria questionar a legitimidade do projeto bolchevique como um todo.

ao debate impunha uma forma política autoritária *antes que qualquer tarefa econômica relevante fosse resolvida* — o que colocava todo o sistema político soviético sobre o fio da navalha da escassez econômica generalizada, forçando a perpetuação de um estado de exceção constante. A gestão econômica ineficiente e o autoritarismo político acabavam, assim, por perpetuar-se mutuamente, num círculo vicioso: residia aí a raiz dos futuros morticínios stalinistas.

O democratismo não estava na agenda dos futuros materialmente possíveis. Pensar o contrário seria idealismo. Mas ainda havia a possibilidade de administrar o mando autoritário da cúpula bolchevique num caminho marginalmente menos coercitivo, mais voltado para um consenso moderado, ainda que oligárquico. Era essa a possibilidade que Trotski tentaria explorar nos anos seguintes da década de 1920.

III

"O novo curso", ou a legitimidade da burocracia

> Já falei dos representantes da "velha guarda" que inculcam a tradição entre os jovens segundo o exemplo de Famusov: "aprendam observando os mais velhos: nós, ou nosso falecido tio...". Mas nem do tio nem dos sobrinhos pode-se aprender coisa alguma que valha a pena.
>
> "The new course", Trotski (1980a:134).

Uma vez que este livro não é uma biografia, não cabe descrever em detalhes as confusas lutas fracionárias em que Trotski esteve envolvido durante o período da última doença de Lenin — que durou praticamente um ano, de março de 1923 à morte do líder, em janeiro de 1924 —, a não ser para resumir sua atitude, que foi a de aceitação do mando de Stalin e de seus associados imediatos Kamenev e Zinoviev, enquanto esperava que o "movimento real das coisas" lhe oferecesse novas oportunidades, se bem que a inação ansiosa fez-se sentir sob a forma de suas usuais enfermidades psicossomáticas.

Para os historiadores de direita, essa fase da história soviética é um mero interregno sem muito interesse: Stalin já estava no poder e Trotski "acabado como força política",[163] sua futura expulsão do Partido uma mera formalidade. Essa avaliação mostra a limitação dos que a conceberam: a de entender a distribuição do poder como sendo sempre, e em qualquer lugar, uma questão de exercício burocrático, do *who's who* das nomeações aos cargos oficiais, como numa democracia liberal-burguesa.

Na verdade, o jogo do poder ainda não estava plenamente decidido em 1923. Os velhos bolcheviques aceitavam a autoridade de Stalin, mas o problema estava em como a percebiam. Bem ou mal, esses "generais da Revolução" não eram ou, mais precisamente, não se viam como funcionários, meros assessores executivos de um príncipe. Eram revolucionários; não eram objeto do poder, mas sim seu sujeito. Nesse sentido, a posição de Stalin era, em grande parte, equívoca, na medida em que o secretário-geral (o Gensec) só era poderoso porque o Partido o queria.

Os limites dessa posição equívoca logo apareceram: no verão de 1923, a polícia política (GPU) faria uma incursão aos meios operários e prenderia duas dezenas de remanescentes da antiga Oposição Operária; e o chefe do GPU, Dzerzhinsky, pediria ao Bureau Político que declarasse ser dever dos membros do Partido denunciar tais atividades subversivas, mesmo quando praticadas pelos quadros do Partido.[164] O fato levou Trotski a escrever uma carta ao Comitê Central, na qual afirmava ambiguamente que a obrigação da denúncia era algo elementar demais para ser *formalmente exigido*, e que isso por si só já era um sintoma de crise no Partido.[165]

Inicialmente, é preciso situar o que está em jogo na análise desses acontecimentos. Obviamente, não faz sentido considerar o Trotski da década de 1920 um campeão da "democracia" *tout court*, o que ele

---

[163] Figes, 1996:804.
[164] Cf. Deutscher, 2003b:88-89.
[165] Carta de 8 de outubro de 1923 (Deutscher, 2003b:90).

"O novo curso" 89

obviamente não era. Durante todo o período, sua atividade política, reformista que fosse, foi feita nos limites do monopólio político dos bolcheviques, que Trotski tinha como algo "dado". Para os historiadores conservadores, isso esgota a questão. Como diz Figes (1996:803) num *understatement* bem britânico, Trotski "dificilmente poderia ser conhecido por seus hábitos democráticos". Mesmo elegante, o *understatement* não deixa de ser ignorante, e só revela o quanto Figes foi incapaz de perceber as motivações de Trotski, que não se colocaria contra o regime que era a obra de sua vida, tampouco recuaria da posição de bom-senso de permanecer frio em relação ao valor intrínseco das reivindicações da antiga Oposição Operária, com sua crença ingênua na panaceia da autogestão operária.

Em história, não há grandes essências: se tentarmos compreender a evolução da Revolução Russa tomando por base a oposição entre dois entes a-históricos — a "democracia" e a "ditadura" —, então nada entenderemos do que se passou. Para Trotski, qualquer tentativa de caracterizá-lo como um herói da democracia (como "valor universal") provocaria desprezo; para ele, naquele momento e naquela circunstância histórica, a ditadura revolucionária era o único meio de o proletariado elevar-se ao poder e realizar as tarefas objetivas que tinha proposto a si. Trotski, ao final da década e já no exílio, lembraria que a "democracia" burguesa, com todos os seus princípios abstratos, não conseguiu sequer lhe garantir o direito de asilo, negado por todos os governos da Europa ocidental sob os mais variados pretextos. Assim,

> [se] tantos me explicaram que meu maior pecado foi descrer da democracia, [não obstante], quando pedi que me dessem uma lição objetiva, não surgiram voluntários. O planeta continua [para mim] sem visto de entrada. Por que eu deveria acreditar que uma questão muito mais importante [como a da luta de classes] possa ser resolvida pela adesão às formas e aos rituais da democracia? (Trotski, 1988:601-602).

A ditadura revolucionária para Trotski era o instrumento objetivo de exercício do poder soviético, mas sua legitimidade *não* derivava de sua ontologia, de um mecanismo contratualista: ela existia como um processo. Que Trotski considerava que o Partido — e apenas ele — deveria dar os termos do consenso político dominante, não há o que discutir; *precisamente por isso*, ele achava inoportuno que esse consenso devesse ser fabricado pelo simples uso de instrumentos coercitivos, de mera repressão policial, em que o crime de "lesa-majestade" deixasse de referir-se a uma atividade contra o regime para ser uma atividade contra os líderes circunstanciais do Partido. Muito apropriadamente para um intelectual, ele começou sua atividade oposicionista intelectualmente, numa tentativa de "desconstruir" os termos da episteme dominante.

Num conjunto de cartas publicadas na imprensa, que formariam o panfleto conhecido como *O novo curso*, Trotski (1980a:68, grifos meus) expôs o problema do burocratismo nos seguintes termos:

> A massa dos comunistas está de fato dizendo a seus líderes: "Vocês, camaradas, têm a experiência de antes de Outubro, que nós não temos; mas sob sua liderança nós mesmos adquirimos, depois de Outubro, uma grande experiência. (...) *E nós não queremos apenas ser guiados por vocês, mas participar também da liderança de classe.* Queremos não apenas porque é nosso direito, mas porque tal é absolutamente necessário à classe operária como um todo. Sem nossa modesta experiência (...) que precisa ser introduzida na vida do Partido por nós mesmos (...) nós, comunistas de base, não nos sentiremos suficientemente bem armados ideologicamente ao confrontarmos não membros do Partido".

Ou seja: ou bem o consenso político-ideológico é capaz de dar conta dos problemas reais a cada momento, ou simplesmente não existe, senão como um catecismo petrificado — uma simples exaltação ritual dos líderes, algo assim como um hagiológio, "magnífico e inspirador, mas sem realidade concreta".[166]

Era articular a questão nos mesmos termos de Gramsci (1999-2001, v. 1, p. 95):

> Como é possível pensar (...) um presente bem determinado, com um pensamento elaborado em face dos problemas de um passado frequentemente bastante remoto e superado? Se isto ocorre, significa que somos "anacrônicos" em face da época em que vivemos (...) ou, pelo menos, que somos bizarramente "compósitos".

Trotski sustentava que o mando do Partido — em princípio indiscutível — deveria legitimar-se não pelo recurso às glórias do passado, mas pela capacidade de oferecer soluções adequadas aos temas presentes. Essa concepção também era uma maneira de evadir os termos em que o jogo político sucessório estava sendo jogado, em que a ênfase exclusiva na memória e na remissão às origens históricas do bolchevismo atuava contra ele:

> Na nova ambiência política, em que a lealdade a Lenin era a pedra de toque da ortodoxia política, Stalin, que raramente tinha antagonizado Lenin abertamente, floresceu, enquanto Trotski, cujos escritos pré-revolucionários tinham frequentemente polemizado com Lenin, feneceu (Suny, 1998:148).

Os que esperavam de Trotski uma defesa do multipartidarismo e das liberdades de tipo liberal-burguês só podem ficar decepcionados... Esperar tal coisa seria absurdo porque, para ele, esse tipo de "liberdade" estaria ontologicamente contaminado de instrumentos não menos coercitivos que os utilizados pelos stalinistas não apenas quanto ao uso

---

[166] Trotski, 1980a:132 ("The new course").

92 Trotski diante do socialismo real

de aparatos ideológicos de Estado para sua naturalização, mas quanto à coerção pura e simples.[167] O objetivo de Trotski não era criticar, *à la* Foucault, o poder em si, mas criticar internamente *um* determinado poder — o dos bolcheviques — menos quanto à sua substância e mais quanto ao modo de sua constituição e aplicação. No caso específico considerado — o do regime interno do Partido —, não estava em pauta a validade da proibição de facções, mas sim o modo como a questão era posta: "a decisão do X Congresso de proibir facções só pode ter um caráter auxiliar, pois em si mesma não oferece a chave para a solução de toda e qualquer dificuldade interna".[168]

A democracia, para Trotski, longe de representar um imperativo universal abstrato, tinha um sujeito particular, o proletariado, representado por uma entidade concreta, o Partido Bolchevique — sujeito que entra em contato concreto com outros sujeitos igualmente concretos na geração de um consenso político objetivo.

> As células de fábrica criam um contato direto e imediato do Partido com o proletariado industrial, o que é essencial a nós. As células rurais criam um contato muito mais fraco com o campesinato. É principalmente por intermédio das células militares, situadas em condições especiais, que entramos em contato com o camponês. Quanto às células da juventude estudantil, oriunda de todas as classes e estratos da sociedade soviética, estas refletem, em sua condição compósita, todos os nossos méritos e deméritos, e seria estúpido não prestar maior atenção a seu estado de ânimo (Trotski, 1980a:76, "The new course").

O burocratismo era censurável na proporção em que reduzia drasticamente o âmbito desse consenso: "o aparato mostra uma tendência

---

[167] Como escreveria Trotski (1947:343) em sua última obra, ao tornar as instituições burguesas, na prática, intocáveis, "a democracia tornou-se o critério supremo, o último instrumento de controle, o inviolável Santo dos Santos, a hipocrisia final da ordem social burguesa".

[168] Trotski, 1980a:83 ("The new course").

"O novo curso" 93

crescente a contrapor uns poucos milhares de camaradas — que formam os quadros de liderança — ao resto da massa, vista apenas como objeto de ação".[169]

Trotski percebia que a resolução antifracionária do X Congresso representava a quadratura do círculo: era algo objetivamente necessário — até inevitável — do ponto de vista da sobrevivência do Partido e do regime soviético e, ao mesmo tempo, um desastre total, do ponto de vista da preservação de qualquer espécie de vida política real no Partido. Ainda assim, ele desenvolveu sua estratégia política a partir do Partido, na medida em que este era o único sujeito político *vis-à-vis* do qual suas propostas fariam algum sentido. Sua única possibilidade de êxito estaria em, de alguma forma, quebrar o consenso hegemônico, ou cravando uma cunha entre a cúpula e a base ou por meio de uma cisão na cúpula.

A princípio, ele contou com a segunda possibilidade. Mas uma mudança brusca na situação internacional pareceu oferecer-lhe a solução: na Alemanha, onde a ocupação franco-belga do Ruhr e a hiperinflação subsequente elevaram a temperatura política, uma greve bem-sucedida levara à queda do governo, permitindo à Internacional Comunista iniciar os preparativos de uma insurreição que Trotski propôs dirigir *in loco*, sob o comando nominal do dirigente do Partido alemão Brandler.[170] O que se preparava era de um óbvio ululante: se Trotski voltasse vitorioso da Alemanha, poderia simplesmente lançar o Partido alemão na balança do poder, reduzir a nada o Partido russo — e principalmente sua cúpula — e pôr a Europa burguesa de joelhos, ao realizar o velho sonho marxista de conectar a Revolução Russa com a Revolução Alemã.[171] Tão clara era a artimanha, que não é de admirar

---

[169] Trotski, 1980a:71 ("The new course").

[170] Deutscher, 2003b:92.

[171] Como afirma Victor Serge (1951:170, 179), na Alemanha isolada e miserável de 1923, a Revolução Russa conservava enorme popularidade nos meios de esquerda e mesmo na direita nacionalista (no que Lenin chamava uma aliança antinatural) tanto mais que uma ligação com a Rússia soviética surgia como a única possibilidade de a Alemanha recuperar sua influência internacional.

94 Trotski diante do socialismo real

que Stalin rapidamente tenha garantido que a cúpula do Partido negasse as permissões necessárias.[172] A Revolução Alemã de 1923, embora fundada sobre bases bem concretas (a crise generalizada e a aliança entre comunistas e social-democratas no governo da Saxônia, que seria o centro do levantamento), falhou — fracasso ao qual a mediocridade e o burocratismo da Internacional Comunista stalinizada não foram estranhos.[173] As consequências foram graves para o futuro da esquerda alemã: após o governo de emergência do general Von Seeckt houve uma estabilidade capitalista transitória sob a égide do auxílio americano (Plano Dawes), mas já sob a forte presença do nazismo como uma força de direita em âmbito nacional depois do *Putsch* de Hitler em Munique (novembro de 1923).[174]

Encerrado o gambito alemão com o fracasso do levantamento de outubro de 1923 (o "Outubro alemão"), restava a Trotski uma única alternativa, agora se apoiando apenas sobre a política interna soviética: em vez de colocar as massas alemãs na balança, ele tentou cravar uma cunha entre as bases do Partido russo e sua cúpula, solapando a legitimidade do mando burocrático — objetivo ao qual respondia a redação de seus dois panfletos: *O novo curso* e *Lições de Outubro*.

A questão que se apresenta neste ponto é a de se Trotski podia, de fato, reivindicar qualquer espécie de "legitimidade" para sua empresa. Tratava-se de um real apelo às massas ou de uma simples cabala de corte travestida pela demagogia? Muitos já eram os que, na época, consideravam esta última possibilidade: o lastro da Revolução Russa, por trás do papel-moeda socialista, era apenas episteme autoritária, desejo de militarização e burocratização, dos quais Trotski era o representante

---

[172] Serge, 1951:170, 179.

[173] Serge (1951:182) conta de seu choque quando o historiador Artur Rosemberg perguntou-lhe à queima-roupa: "Você acredita que os russos desejam de fato a Revolução Alemã?".

[174] Ibid., p. 183.

mais extremo. Como diriam Foucault e Deleuze, tamanho desejo de falar *pelas* massas expressaria de fato o desejo de falar *em seu lugar...*[175]

No entanto, o problema de uma tal exegese pós-moderna e desconstrucionista é que, segundo Spivak, ela parte de uma compreensão errônea do empreendimento marxista: a de que este teria proposto uma identidade ontológica e unívoca entre "interesse" e "desejo", entre a situação objetiva do sujeito de classe no interior das relações de produção e seus interesses concretos e sua subjetividade política. Como para Foucault e Deleuze o desejo do oprimido é simplesmente o de explodir (*blow up*) o poder em qualquer um de seus pontos de força — a "simples valorização de *qualquer* desejo de *destruição* de qualquer poder"[176] —, então tal desejo não pode ser atribuído a um sujeito determinado: é o poder que quer circunscrever e classificar seus objetos para melhor administrá-los, e "não existe sujeito fixo senão através da repressão".[177] Em outras palavras: o desejo universal de revolta do oprimido não pode estar corporificado num partido (por definição parcial), salvo quando este deseje *circunscrever, classificar* e, principalmente, *administrar* o oprimido.

O problema — replica Spivak — está em que, no marxismo, o sujeito social *não* é uma categoria ontológica, daí a necessidade de uma *contraideologia* que lhe permita constituir-se como sujeito. Marx foi "obrigado a construir modelos de um sujeito dividido e deslocado, cujas partes não são contínuas nem coerentes uma à outra".[178] Quando Marx fala, em *O 18 Brumário*, dos camponeses franceses "representados" por Napoleão III, seu uso do verbo alemão *Vertreten* implica tanto *substituição* quanto *representação*, no senso estrito. Isto é, o representante é aquele que age *no interesse* do representado, e ao mesmo tempo *em seu lugar*, na medida em que ele não toma os

---

[175] Spivak, 1988:275.
[176] Ibid., p. 272.
[177] Deleuze e Guattari ("O anti-Édipo") apud Spivak, 1988:273.
[178] Spivak, 1988:276.

interesses do representado como os encontra — pois eles não existem enquanto tal, já que a consciência espontânea do representado é "deslocada e incoerente"[179] —, mas sim os interpreta em função do mandato recebido. Toda a prática política leninista está aí.

Como lembrava Trotski, o marxismo é uma crítica das relações sociais, não de textos; discutir o significado de um verbo em Marx não esclarece definitivamente nada sobre a política marxista. Em outros termos, estar *na* luta de classes, na sua objetividade, não nos dá a noção imediata de onde nosso interesse reside, coisa que Marx sabia. Como escreveu Isaac Deutscher (1955:45):

> Contrariamente a uma opinião muito difundida nos países anglo-saxões, o marxismo não é de modo algum racionalista em sua filosofia; não acha que os seres humanos sejam usualmente guiados por motivos racionais, ou que eles possam abraçar o socialismo através da Razão. O próprio Marx abriu *O capital* com uma elaborada investigação histórica e filosófica sobre os modos de pensamento e ação "fetichistas" que estavam na raiz da "produção de mercadorias". (...) A luta de classes, como Marx a descreve, é tudo menos um processo racional.

Por isso a liderança não pode representar as massas apenas dando voz, ampliada que seja, a suas demandas concretas; é preciso lhes dar uma forma *propriamente política*. As mesmas massas, dependendo não apenas da situação objetiva mas de seu estado de espírito, das ideologias disponíveis, da efetividade da propaganda e dos meios de convencimento a elas dirigidas, podem seguir Stalin ou Trotski, a social-democracia ou o comunismo, acomodar-se ao capitalismo ou buscar realizar o socialismo.

---

[179] Spivak, 1988:276.

Se Lenin e Trotski tivessem conhecido Foucault e sua "preocupação substantiva com a política dos oprimidos"[180] — a identificação foucaultiana com a luta contra o poder *sans phrase* —, provavelmente teriam dito que ele não cumpria o que se esperava dele como intelectual, que era dizer às massas algo que elas ainda *não* sabiam: ou seja, não oferecer o conhecimento da opressão em si, mas um programa político para lidar com essa opressão. Pois "o subalterno não pode falar".[181] O Partido é *absolutamente necessário*, porque somente por intermédio dele é que o proletariado pode constituir-se como algo mais que uma categoria estatística, como um *sujeito propriamente político*, dotado de *desejos* particulares. A questão não é se o Partido representa "melhor" ou "pior" o proletariado, mas se o proletariado *pode reconhecer a si próprio através dele*, como uma classe provida de interesses particulares — ou não.

De volta à situação política soviética em meados dos anos 1920, Lenin está morto, Stalin no poder em aliança com Kamenev e Zonoviev, as campanhas "literárias" de Trotski falharam, e ele se encontra desmoralizado, sem seu posto de comissário da Guerra, e sujeito às injunções do Partido quanto à necessidade de seu silêncio obsequioso. Trotski permaneceria nessa inação agravada até meados de 1926. É interessante, nesse caso, lembrar o meio pelo qual Stalin e seus "amigos" colocaram Trotski fora de combate: calando-o... Mas mesmo nesse silêncio, em maio de 1924, Trotski (1980a:161) faria um discurso conciliatório no qual declararia:

> Camaradas, nenhum de nós quer — ou pode — estar certo contra o Partido. Em última análise, o Partido está sempre certo, porque o Partido é o único instrumento de que a classe operária dispõe para a solução de suas tarefas fundamentais. Já disse aqui que nada

---

[180] Spivak, 1988:292.
[181] Ibid., p. 308.

poderia ser mais simples que dizer ao Partido que todas essas críticas, declarações [etc.] estavam erradas do princípio ao fim. Não posso fazê-lo, camaradas, porque não penso assim. Eu sei que não se pode estar certo contra o Partido (...) pois a história não criou outro modo de determinar uma posição correta ("Speech to the Thirteenth Congress", 24 maio 1924).

Os exegetas direitistas consideram esse discurso o supremo ato de autodegradação masoquista de um fanático. Se for assim, é estranho que esse ato de masoquismo não tenha produzido prazer algum no grande sádico da plateia, Stalin, que comentou: "Trotski diz que o Partido não erra. É falso (...) Isso é uma bajulação e uma tentativa de nos ridicularizar".[182] Ninguém pode negar a inteligência perversa de Stalin: o discurso de Trotski era uma resposta velada a Stalin, como seria aquele famoso discurso de Bukharin durante seu processo-espetáculo, em que ele justificava o promotor e ao mesmo tempo o negava ("minha confissão está aí, mas ela não seria necessária, pois a confissão é um princípio medieval de jurisprudência").[183] Por sua vez, o que o discurso de Trotski diz veladamente é: se eu, Trotski, estou *objetivamente* certo ou errado, em nada importa; o que interessa é que, *politicamente falando*, minha verdade não tem os meios de prevalecer neste momento e por meio da ação do Partido; esperarei, portanto, uma situação que me permita voltar a estar certo.

A situação surgiria em meados de 1926.

---

[182] Stalin apud Broué, 1988:407.
[183] Bukharin apud Cohen, 1976:546.

IV
A Oposição Unida e o destino do bolchevismo

■ período de luta fracionária aberta no Partido Comunista Soviéti-co (1925-28) terminou com a expulsão de Trotski e seus associa-dos políticos do Partido, deixando Stalin livre para desencadear o que o historiador Mike Davis chamaria seu "implacável furacão de traição e homicídio" nos anos 1930. A questão que se coloca, hoje, é a de se a resistência oposta por Trotski teve algum sentido; se o bolchevismo que ele propunha resgatar não era, de fato, um movimento político ontologicamente autoritário que, de qualquer modo, desenvolvera, já nas próprias origens leninistas, uma afinidade eletiva com as práticas ditatoriais do stalinismo; e se o próprio Trotski representaria uma al-ternativa real a essas práticas. Um dissidente de esquerda prematuro como Victor Serge (1951:142), refletindo retrospectivamente sobre as vicissitudes de sua carreira política nos anos 1940, já fazia um balan-ço/obituário do bolchevismo nestes termos:

O pensamento bolchevique inspira-se no sentimento de posse da Ver-dade. (...) Todo pensamento diferente do seu é um erro pernicioso ou retrógrado. A convicção absoluta de sua alta missão lhe assegura uma espantosa energia moral — e ao mesmo tempo uma mentalidade intolerante (...) ele seleciona os temperamentos autoritários. A vitória da Revolução, enfim, remedeia o complexo de inferioridade das massas (...) suscitando um espírito de revanche social que tende a tornar as novas instituições, por sua vez, despóticas.

Infelizmente, o desabafo de Serge é retórica moralizante do princípio ao fim, na medida em que não se refere a qualquer situação concreta. Arrogância, pretensão, dogmatismo, arrivismo: em combinações diversas, estas são características de *qualquer* movimento político (e de suas lideranças) através da história, ou seja, não são suficientes para estabelecer um *ethos* especificamente bolchevista — "sem a mistura adequada de arrogância e implacabilidade, ninguém chega ao poder supremo".[184]

Atualmente, os partidos burgueses — meras máquinas eleitorais dominadas por cúpulas mais ou menos inamovíveis que controlam "militantes" que não são mais do que um agregado de burocratas, aspirantes a caciques e cabos eleitorais — são ainda menos transparentes do que qualquer partido comunista, cuja natureza está calcada em um programa definido e em teses conjunturais publicamente discutidas. Já as lideranças da política burguesa, por não se fundarem num compromisso programático e sim numa combinação de controle burocrático e carisma, são ainda menos contestáveis. Não vivemos uma época só de esvaziamento da *política radical*, mas de esvaziamento da *política*, entendendo-se por política a busca *racional e pública* por soluções para um conjunto de problemas. Hoje, a discussão pública é, de modo geral, fútil, pois o que não é fútil é decidido fora do escrutínio público.

As lutas políticas concretas não se resumem ao quadro das formas institucionais, o que os dias de hoje demonstram cabalmente, na medida em que a vida política nas democracias liberal-burguesas de há muito teria cessado se fosse depender de partidos, parlamentos e

---

[184] Finley, 1991:118.

outras instâncias institucionais.[185] A micropolítica de qualquer associação temática nos diz mais sobre os problemas reais da sociedade (mesmo que sob a forma do *acting out*, e não da deliberação real) do que as autofágicas reuniões de nossos parlamentos. Se instituições originalmente concebidas para serem públicas produzem resultados reais tão diversos dos planejados, discutir o projeto comunista à base do que seus criadores "originalmente desejavam" é fútil. O problema é entender as vicissitudes desse projeto, não em termos de "traição" ou "fidelidade" a seus princípios originais, mas sim *de que forma* ele pôde responder — melhor ou pior, e de que maneira — *às mudanças históricas concretas que sofreu.*

Grande parte do problema político de nossa sociedade está exatamente em sua recusa dos partidos, de seus programas e compromissos previamente definidos, em favor de um senso comum que desdenha a teoria "opressora" em favor de uma concentração em demandas mais objetivas: se as pessoas têm fome, vamos dar-lhes comida; se os rios estão poluídos, façamos um mutirão de limpeza etc. Essa concentração em microatividades empíricas, todavia, impede que as demandas sejam *hierarquizadas* numa escala de prioridades previamente estabelecidas. A atividade política transforma-se numa sequência de diligências descontínuas, de *happenings au jour le jour.* Impossibilitados de atacar os grandes problemas — pois para tal deveria haver um processo prévio de criação de instituições —, os sujeitos sociais acabam por concentrar-se nas atividades mais superficiais que exijam baixo nível de organização e provejam alívios imediatos, ainda que vazios. Bauman fala que, no mundo atual, os arquétipos da atividade política estão entre o linchamento e o grupo de autoajuda do tipo Alcoólicos Anônimos ou Vigilantes do Peso: a comunidade "do gancho", em que a causa específica não importa senão como pretexto para manter a

---

[185] Em novembro de 1996, Cornelius Castoriadis disse a Daniel Mermet que o aspecto mais notável da política contemporânea é sua *insignificância* (Bauman, 2000:12).

102 Trotski diante do socialismo real

comunidade junta num sentimento vicário de solidariedade inócua.[186] Por si mesmos, grupos, instituições ou causas não sustentam a atividade social se ela não estiver ideologicamente organizada para lidar com as circunstâncias cambiantes.

Mais uma vez destaca-se o raciocínio de Trotski diante da Comissão Dewey: a "ditadura do proletariado" e o "centralismo democrático" não são princípios abstratos que produzem resultados invariáveis; são fenômenos históricos e têm de ser entendidos historicamente em suas consequências.[187] A *policy* — a agenda do momento histórico — não é sobredeterminada pela *politics* — o aparato institucional.[188]

O propósito de Lenin, quando instituiu a proibição de facções, não era suprimir o debate no interior do Partido ou realizar expurgos, mas disciplinar o debate de maneira a assegurar o trabalho frutífero entre os camaradas. Mas os motivos de desacordo ideológico real eram tão grandes que qualquer espécie de cooperação concreta tinha de ser assegurada, em última análise, mecanicamente, pela coerção, pura e simples; e como essa coerção tinha de ser legitimada de alguma forma, o mecanismo da autocrítica — isto é, da humilhação pública ao estilo do *convicium* romano, da "gritaria" como instrumento pedagógico — tornava-se uma necessidade absoluta.

Inclusive porque, como já vimos, o democratismo absoluto, o caráter totalmente público do debate político dentro de um grupo fechado — como o era o bolchevismo ditatorial da década de 1920 —, sem uma opinião pública atuante a que se possa recorrer como árbitro, acaba colocando esse grupo diante de tensões insuportáveis. Se o

---

[186] Bauman, 2000:54.

[187] "O regime de um partido não cai pronto do céu, mas forma-se gradualmente na luta. Uma linha política predomina sobre o regime (...) As formas organizacionais devem ser conformes à estratégia e à tática" (Trotski, 1985:90, "On democratic centralism", 8 dez. 1937).

[188] "Mecanismos e instrumentos, naturalmente, não oferecem uma explicação suficiente; podem falhar tanto quanto cumprir a função para a qual foram concebidos" (Finley, 1996:27-28).

debate real está restrito a um conselho de notáveis, maior ou menor, não há como permanecer público; caso contrário, a infalibilidade do grupo dirigente estaria suscetível a uma crítica externa sempre confrontada à sua impotência real. Para que o público preserve a crença de que os notáveis trabalham em seu favor, ele não pode ser autorizado a acompanhar o processo de discussão das alternativas de governo: deve ser, sempre, apenas posto diante do fato consumado. Daí a necessidade de fechar o processo de discussão, que deve ser mantido *in camera: consilia occultanda* — "os conselhos devem ocultar-se".[189] Entre os vários convícios, aliás, que Trotski teve de suportar no decorrer do período 1923-25, um deles referia-se ao fato de ele ser citado com simpatia em jornais mencheviques da emigração,[190] que tinham, naturalmente, circulação clandestina na URSS; mas o simples fato de ter qualquer laço de simpatia com o público "externo" já era nesse momento, em si mesmo, motivo de suspeição.

Contudo, a questão é muito mais complexa. Vamos dar um salto no tempo: em 1937, já exilado no México, Trotski achou por bem apostrofar os teóricos do abandono do bolchevismo em nome do "retorno a Marx" nos seguintes termos: não há *para onde* voltar numa retirada dessa ordem, pela simples razão de o bolchevismo, como movimento político internacional, ter tido sua causa no fato do marxismo social-democrata que o havia precedido encontrar-se *falido* com a desintegração da II Internacional, que por sua vez surgiu como reação ao fim da I Internacional, e daí para trás (o que nos permite acrescentar que propor um "retorno" ao liberalismo pela renúncia total ao marxismo e ao socialismo é esquecer que o socialismo só pôde surgir como uma *reação* às insuficiências concretas do liberalismo). Não há retornos possíveis — a não ser que se considere "retorno" (re)ler *O capital* —, "mas os bolcheviques, eles também, estudaram *O capital*,

---

[189] Francisco Antônio Morais Campos, *Príncipe perfeito*, 1790 apud Subtil (1993:158).
[190] Trotski, 1980:295 ("Our differences").

e não de olhos fechados. E isso não impediu a degeneração do Estado soviético e os Processos de Moscou".[191]

O problema que os teóricos do "retorno" querem resolver é a velha equação (tão familiar em 2007 quanto em 1937) dos anticomunistas: bolchevismo = stalinismo. Trotski (1978:419) expõe as insuficiências desse raciocínio:

> A identificação tácita entre bolchevismo, Revolução de Outubro e União Soviética. O processo histórico é substituído pela evolução do bolchevismo num vácuo. O bolchevismo, no entanto, é apenas uma tendência política, ligada estreitamente com a classe operária, mas não idêntica a ela. (...) Tratar a degeneração do Estado soviético como a evolução do bolchevismo puro é ignorar a realidade social em nome de um de seus elementos, isolado pela simples lógica ("Stalinism & Bolshevism", 29 ago. 1937).

Inclusive porque nos 70 anos seguintes o bolchevismo "produziria" pessoas e acontecimentos bem diversos entre si: os Processos de Moscou e todo o stalinismo posterior, mas também a "desestalinização" de Khruschev, a *Perestroika* e, finalmente, sua própria negação — total e completa — no consulado de Boris Yeltsin. Trotski continua: "de qualquer modo, o bolchevismo nunca se identificou, seja com a Revolução de Outubro, ou com o Estado soviético que dela surgiu. Ele se considera um dos fatores da história, o fator 'consciente' — um fator muito importante, mas não o decisivo". Com essa insinuação freudiana, ele enumera uma série de coisas realizadas pelos bolcheviques da década de 1920, a seu ver bem pouco bolcheviques, por serem aparentemente contraditórias umas às outras e opostas ao programa original do partido:

---

[191] Trotski, 1978:419 ("Stalinism & Bolshevism: concerning the historical and theoretical roots of the Fourth International", 29 ago. 1937).

Quando os bolcheviques fizeram concessões aos camponeses no campo da propriedade privada, estabeleceram regras [mais] rígidas para a entrada no Partido, expurgaram o Partido de elementos estranhos, proibiram outros partidos, introduziram a NEP [Nova Política Econômica], ofereceram empresas a concessionários [privados], ou concluíram acordos diplomáticos com governos imperialistas, eles tiravam conclusões parciais de um fato básico [:] que a conquista do poder, não importa quão importante seja em si mesma, de modo algum transforma o partido no senhor do processo histórico. (...) É essa dialética (...) que não é entendida pelos lógicos sectários. (...) Em essência, o que esses cavalheiros dizem é o seguinte: o partido revolucionário que não possuir uma garantia contra sua própria degeneração é mau. Por esse critério, o bolchevismo deve ser condenado — ele não possui esse talismã. Mas é esse critério que está errado (Trotski, 1978:419-420, "Stalinism & Bolshevism", 29 ago. 1937).

Qual era o critério orientador da prática política real dos bolcheviques? O de uma revolução que, ao colocar-se contra o atraso político de um capitalismo periférico, realizou a si mesma como revolução socialista, para achar-se "encalhada" nessa periferia, onde a ideologia não conseguia suster-se numa práxis correspondente. Aparentemente, a Revolução Russa poderia ter-se concluído, em tese, como um simples episódio modernizante, uma operação de limpeza dos traços políticos e sociais mais atrasados da formação social russa. Todavia, sua posição periférica determinava a existência de um interesse do centro capitalista na *preservação* do atraso russo, e os bolcheviques estavam *obrigados* a permanecer num curso político próprio, ou literalmente perecer sob os golpes do imperialismo. Para preservarem o curso político diante do isolamento internacional da Revolução, eles foram obrigados a acentuar seus traços politicamente autoritários, burocratizantes e explicitamente hierárquicos — os quais se harmonizavam muito mal com uma prática socialista. A história subsequente do bolchevismo será a do divórcio crescente entre sua base social e sua prática política.

Se esse processo não encontrou muito mais cedo uma síntese reacionária, foi pela hostilidade das forças capitalistas internas e externas: o campesinato abastado e o imperialismo. A prática do "primeiro" stalinismo — do qual Bukharin era o ideólogo-chefe — apontava para uma restauração da inserção russa no sistema capitalista mundial como um caso particular, uma espécie de prefiguração da China (e do Vietnã) de hoje: um capitalismo de Estado em que o Partido Comunista comandaria o setor estatal da economia — e, com ele, o processo global de acumulação —, adaptando-se aos interesses do setor (camponês) privado. A recuperação industrial seria financiada pela exportação de *commodities* agrícolas,[192] e por isso se pode dizer — como quer o historiador R. B. Day — que Stalin, no princípio dos anos 1920, era mais "internacionalista" (ou "integracionista")[193] em economia do que Trotski e seus amigos.

Porque a NEP[194] seria retrospectivamente vista como um oásis de liberdade no meio da repressão generalizada, historiadores de hoje têm imensa dificuldade em perceber suas insuficiências. Em primeiro lugar, a presença de interesses econômicos privados preservava o aparato de repressão política, na medida em que o Partido não podia dar-se o luxo de abrir o debate político e permitir que o interesse privado fixasse a agenda pública — o que tinha como encadeamento natural a fossilização interna do próprio Partido. Em segundo lugar, as bases econômicas eram muito instáveis e fracas, já que o crescimento do setor industrial tornava-se refém dos interesses camponeses, sobretudo quanto aos preços agrícolas, que deveriam ser mantidos relativamente altos — comparados aos preços industriais geridos pelo Estado — para que os camponeses fossem incentiva-

---

[192] Deutscher, 2003b:204.

[193] Day, 2004:6.

[194] "A economia de mercado com uma interferência reforçada do Estado" (Suny, 1998:138-139).

dos a comercializar quantidades crescentes de produtos, em vez de formarem estoques especulativos, (auto)consumirem seus produtos ou simplesmente deixassem de plantar. A indústria estatal, portanto, tinha uma margem de lucro e, consequentemente, de possibilidades de investimento muito reduzida.

Resumindo, a economia soviética de meados dos anos 1920 padecia de um mal: a ausência de níveis de investimento compatíveis com qualquer processo modernizador sério.[195] A URSS era um país tão atrasado em termos gerais (econômicos, tecnológicos, culturais)[196] quanto a velha Rússia tsarista, apenas com um grau muito maior de igualdade social, que servia de "colchão" sociopolítico — cujas "costuras" começariam a ser pressionadas em meados da década de 1920. Mesmo assim, havia desemprego em massa, hordas de menores de rua, prostituição endêmica...[197] Como escreve Boris Kagarlitsky (1993:59-60), o que garantia a relativa tranquilidade da NEP era, de fato, a "rolha" autoritária colocada pela burocracia do Partido sobre toda a sociedade — rolha que seria utilizada mais tarde para gerar o projeto stalinista de modernização.

É claro que a rolha poderia ser desarmada, mas por onde? Certamente não pelos camponeses, que, como sabe qualquer um que tenha lido *O 18 Brumário*, eram incapazes de produzir qualquer projeto político autônomo. Tampouco pelo imperialismo, cujas propostas para

---

[195] Como Trotski descobriria ao presidir uma pesquisa sobre produtividade econômica, em meados da década de 1920 a Rússia possuía 190 mil telefones contra 14 milhões nos Estados Unidos e 1 milhão na Inglaterra; 69 mil quilômetros de ferrovias contra 405 mil dos Estados Unidos; um consumo anual *per capita* de energia elétrica de 20 kW contra 500 kW nos Estados Unidos (cf. Deutscher, 2003c:176).

[196] O stalinismo, portanto — diz Isaac Deutscher (1968:219) no texto "Um obituário de Stalin" —, viu a luz "como a versão de marxismo apropriada para um país em que mujiques de pés descalços a trabalhar a terra com *sokhas*, arados de madeira, constituíam a maioria esmagadora".

[197] Serge, 1951:217-218.

108 Trotski diante do socialismo real

a Rússia eram, de alguma forma, de restauração do Antigo Regime.[198] Sobrava uma única força — o próprio Partido Comunista. Era daí que o projeto político de Trotski obtinha sentido.

Como admite Deutscher, Trotski em 1926 parecia acabado como força política, após as humilhações públicas que sofrera nas mãos da burocracia e a perda de suas funções públicas mais importantes; ele parecia haver-se conformado a um papel de mero funcionário público graduado (e relativamente ocioso) que praticava o publicismo nas horas vagas, e apenas a crise econômica e política do regime soviético naquele ano permitiu-lhe recomeçar sua militância política ativa.

Como encontramos em Suny (1998:157), 1926 foi um ano-chave na história das políticas econômicas soviéticas, quando a URSS restaurou ou ultrapassou os níveis de produção de 1913 em todos os setores da economia, amortizando completamente as destruições da I Guerra Mundial, da Revolução e da Guerra Civil — o que significava que qualquer desenvolvimento econômico posterior dependeria de um fluxo significativo de investimento novo.

Não é aqui o lugar para uma discussão detalhada do debate econômico da época, que ficará para outra parte desta obra. Importa notar os pressupostos intelectuais que estavam por trás do debate. O discurso dominante, até então, era o de Bukharin, que nada mais fazia do que uma atualização do evolucionismo reformista da II Internacional. Para Bukharin (apud Cohen, 1976:249), se os camponeses tivessem a propriedade de suas explorações garantidas, não teriam "medo

---

[198] Essa desconfiança se traduzia no tipo de empreendimento econômico representativo que o capital estrangeiro, na pessoa de dois empresários americanos, mantinha na URSS da época: a fábrica de lápis de Armand Hammer e as minas de manganês da Geórgia arrendadas a Averell Harriman (Suny, 1998:138-139). Coisa de economia de enclave, negócios de oportunidade. Como lembra Deutscher (2003c:175), um dos cargos de Trotski à época era o de presidente da Comissão de Concessões, na qual ele apenas se entediou, sem fazer nada, já que "os bolcheviques tinham medo demais do capital estrangeiro para poder atraí-lo, e os investidores estrangeiros tinham medo demais dos bolcheviques para cooperar com eles".

de acumular", e seus gastos em insumos, máquinas e instrumentos, acrescidos a suas compras de bens de consumo, seriam suficientes para gerar um fluxo de renda ao setor estatal da economia que permitiria a esta, por sua vez, iniciar um processo de acumulação — rendas que, "recebidas em nossas mãos, nos proporcionam meios com os quais ajudamos todas as formas socialistas [de organização]".[199] A disponibilidade de recursos para investimento permitiria às unidades de produção estatais organizar-se de forma a competir frutuosamente com o capital privado, até que o setor socialista viesse a tornar-se, pela simples competição, dominante: "Chegaremos ao socialismo precisamente através das relações de mercado...".[200] Tudo dependeria apenas do impulso endógeno da acumulação camponesa, daí a consigna de Bukharin (apud Suny, 1998:154), em 1925, de que o que o Partido somente precisava dizer aos camponeses: "Enriquecei e acumulai"... Era quase uma espécie de neoliberalismo bolchevique, no sentido de que só pressupunha uma única política negativa: não mexer no marco jurídico das relações de propriedade no campo, não taxar demais o camponês, não interferir em suas escolhas.

Entretanto, a linha de raciocínio dessa "escola soviética do pensamento de Manchester" (na descrição do economista Preobazhenski) pecava pela base, ao partir da premissa inicial de que os camponeses teriam um interesse endógeno em acumular e investir, em vez de simplesmente utilizarem métodos rotineiros que lhes permitissem obter uma renda garantida, ainda que (potencialmente) menor — e nem seria uma psicologia grupal pré-capitalista, mas simples aversão ao risco. Trotski e seus amigos políticos, com uma compreensão bem melhor das relações entre economia e política, entenderam que a economia soviética somente poderia transformar qualitativamente sua base produtiva por meio não de um simples impulso quantitativo, mas de

---

[199] Bukharin apud Cohen, 1976:254.
[200] Ibid., p. 282.

110 Trotski diante do socialismo real

alguma espécie de choque exógeno — que só poderia ser produzido por um ato de decisão política do Partido.

Como frequentemente acontece em economia, a adoção da política errônea gerou uma melhora conjuntural que mascarou suas fraquezas de fundo. A colheita de 1925 foi a maior desde a Revolução[201] — o que permitiu a Stalin aumentar o controle sobre o Partido no XIV Congresso ocorrido no final do ano —, só que às expensas do feudo de Zinoviev, em Leningrado, cidade que sofria uma crise de abastecimento local levada pela retenção dos estoques pelos camponeses.[202] Mas isso, no final das contas, importou muito pouco: logo no início de 1926, uma manobra de Stalin no Comitê Central garantiu que Zinoviev fosse deposto do comando do Partido em Leningrado, sob a indiferença absoluta da militância local.[203]

Stalin, no entanto — com a covardia que lhe era característica nessas horas —, apesar da vitória fácil, resolveu encarregar Bukharin de buscar um entendimento com Trotski como uma manobra preventiva contra a formação de uma oposição unida. Bukharin assim o fez, justificando para Trotski ser a intervenção em Leningrado uma resposta aos abusos do grupo de Zinoviev. Isso possibilitou a Trotski escrever-lhe que o fato de os abusos terem chegado a tal ponto e só haverem sido reprimidos *por causa de um conflito interno na cúpula* mostrava o grau de esclerose burocrática do Partido: "Os traços do burocratismo do aparato, característicos do Partido *como um todo*, foram levados à sua expressão mais extrema no regime do Partido em Leningrado".[204]

Mais uma vez, o que interessa aqui é menos o detalhe dessas lutas fracionárias do que o seu sentido. Numa polêmica de meados de 1926 com o ideólogo stalinista Uglanov, presente numa carta ao Bureau Político, Trotski sublinhava que tentar justificar — como o

---

[201] Bukharin apud Suny, 1998:154.
[202] Deustscher, 2003b:205.
[203] Ibid., p. 215, 219.
[204] Trotski, 1980b:38-39, grifo original ("Three letters to Bukharin — I", 9 jan. 1926).

fazia Uglanov — a burocratização e as práticas autoritárias da cúpula do Partido ao baixo nível cultural das massas, ou à dispersão do proletariado russo provocada pela Guerra Civil, era algo que podia fazer sentido em 1920, mas não em 1926. Não obstante o grau de autoritarismo dentro do Partido ter-se tornado claramente maior, não só a classe operária soviética tinha se recomposto quantitativamente, como seu nível cultural era evidentemente mais elevado.[205]

O problema teórico subjacente era o mesmo que estava por trás da questão da revolução permanente: o desenvolvimento econômico da Rússia não era capaz de produzir uma transição ordenada do capitalismo ao socialismo, ou de democratizar as práticas do bolchevismo. Pois a economia, apesar de ter uma existência objetiva, em termos lógicos, anterior à política, ainda assim só é capaz de desenvolver um curso de ação determinada por meio da política.

A interface economia/política expõe o seguinte questionamento: o bolchevismo representava o interesse de classe do proletariado soviético, ou toda a Revolução Russa, desde suas origens, não consistiria apenas numa usurpação do poder pela burocracia do Partido, mascarada pelo uso de uma fraseologia marxista? No primeiro caso, a atividade política de Trotski, de reivindicar para o Partido uma volta ao proletariado, faria sentido nos termos por ele estabelecidos; no segundo, a ação de Trotski, mais do que estar derrotada de antemão, seria uma simples alucinação política, ideológica no pior sentido da palavra.

Ora, para um marxista, os interesses dos indivíduos, grupos e classes derivam de suas condições materiais de existência: a consciência é o ser consciente.[206] Essa consciência de classe, por mais que seja, como defende E. P. Thompson (1979:11),[207] um processo contínuo quanto a sua formação, baseia-se sobre experiências objetivas compartilhadas,

---

[205] Trotski, 1980b:66-67 ("Party bureaucratism and Party democracy", 6 jun. 1926).
[206] Marx e Engels, 1976:42.
[207] Diz ainda Thompson: "A classe é definida pelos homens enquanto vivem sua própria história, e esta, no final, é sua definição".

que produzem uma identidade e um interesse comuns. Tal interesse, no entanto, não prefigura um curso determinado de ação. Os mesmos interesses podem suscitar, dependendo de como são interpretados e administrados pelos seus sujeitos, os mais diversos cursos de ação: interesse não é desejo, ou, se quisermos utilizar a conceituação freudiana, a libido, como uma afinidade eletiva entre semelhantes, pode ser desviada para os fins mais diversos, sem nada perder de sua natureza original.[208] É nesse sentido, diz Trotski, que não há problema político algum, *a priori*, em considerar verdadeira a afirmação de Lenin de que em *determinadas circunstâncias* a ditadura do proletariado possa ser idêntica à do Partido Comunista,[209] na medida em que exista um elo genuinamente "pulsional", de afinidade eletiva, entre ambos — classe e partido. A democracia direta não é uma condição necessária da legitimidade política. As formas políticas historicamente assumidas pelo interesse de uma classe podem ser as mais diversas, dependendo da circunstância histórica.

O problema é que esse elo de legitimidade não é um pressuposto que informe toda e qualquer ação do Partido daí em diante — muito especialmente porque o Partido, como instância política, tem um grau de autonomia em sua ação que a classe como um todo não tem.

Num panfleto de 1928, uma crítica à liderança da Internacional Comunista, Trotski escrevia que a *sociologia* de uma classe — sua posição no interior de suas relações de produção — não é sua *política*, já que os interesses concretos de uma classe só podem ser manejados conscientemente a partir de sua liderança política. Ora, no caso da classe operária, essa relação é especialmente complicada; o proletariado não tem "ativos permanentes" sobre os quais fundar sua posição, daí "a Revolução Proletária marchar através de altos e baixos. Há buracos na estrada, túneis e declives acentuados. E haverá uma ampla

---

[208] Freud, 1996:101.
[209] Trotski, 1980b:70 ("Party bureaucratism and Party democracy", 6 jun. 1926).

A Oposição Unida e o destino do bolchevismo   113

oferta de altos e baixos por décadas à frente".[210] Exatamente por isso, uma conjunção direta entre o proletariado e sua ação política, como a ocorrida na associação entre o Partido Bolchevique e o proletariado russo em 1917, expressa na captura de sua base social pelo Partido como trampolim para uma estratégia de tomada para o poder enquanto classe, não devia ser entendida como um mecanismo permanente. Privada de oportunidades revolucionárias, a liderança comunista poderia regredir ao menchevismo — menos como uma linha (programa) política do que como "um tipo psicológico: o adaptacionismo que busca constantemente uma coloração protetora e estará disposto até a mudar suas cores para o vermelho bolchevique — para não ter de nadar contra a corrente".[211] O fato de o Partido Bolchevique e a Internacional Comunista, a partir da década de 1920, terem sido capazes de atrair expressões políticas do reformismo era um sintoma de que esse poder de atração não advinha totalmente do programa comunista em si, mas sim de que o bolchevismo tornara-se "seguro" para a prática do reformismo: a revolução torna-se uma carreira.[212]

Nas circunstâncias concretas dos anos 1920, com a reorganização parcial da ordem capitalista internacional, esse reformismo passava despercebido, como algo imposto pelas circunstâncias; mas no caso de um novo ascenso revolucionário ele se tornaria um obstáculo fatal à renovação de uma estratégia revolucionária, pois a existência de uma *conjuntura* revolucionária não pode compensar a falta de uma *política* revolucionária:

> Os *raillés* ["aderidos"] incluem gente de muitos tipos, de elementos honestos porém politicamente medíocres, sem perspicácia e iniciativa, a carreiristas declarados. Mas mesmo os melhores deles (...)

---

[210] Trotski, 1981a:192 ("Who is leading the Comintern today?", set. 1928).
[211] Ibid., p. 193 ("Who is leading the Comintern today?", set. 1928).
[212] Ibid., p. 196 ("Who is leading the Comintern today?", set. 1928).

114 Trotski diante do socialismo real

> demonstram diante de uma nova revolução as mesmas qualidades que mostraram antes — e até na véspera — de Outubro: falta de espírito de previsão, de iniciativa criativa e de coragem revolucionária real. (...) Todos esses heróis, que deixaram já passar, perderam ou destruíram uma, duas, três ou mais revoluções, certamente se dizem: "esperem uma nova revolução chegar e desta vez iremos nos provar". É como o caçador azarado que a cada tiro errado jura que vai fazer uma pontaria melhor no próximo pássaro. Mas ao relembrarem suas faltas, sabendo que foram notados, esses revolucionários pós-revolucionários apenas se dispõem a mostrar sua coragem aos quatro cantos da terra, se for em resposta a um sinal de cima. E é por isso que cada revolução falhada é sempre seguida por uma aventura revolucionária igualmente trágica (Trotski, 1981a:202, "Who is leading the Comintern today?", set. 1928).

Ser revolucionário não é (e não o era) para quem quer, é para quem pode; o movimento real das coisas, por si mesmo, nada resolve. A política revolucionária, especialmente quando se apoia numa classe destituída de recursos materiais próprios como o proletariado, deve *antecipar-se* ao movimento real. Inversamente — e Trotski imediatamente o lembra —, do ponto de vista da política da ordem burguesa, para a qual se trata de apenas *conservar* e *restabelecer*, as escolhas de liderança possíveis são muito mais amplas. Como diz Trotski, para que os partidos da burguesia francesa do século XIX pudessem deixar para trás suas diferenças históricas e organizar uma frente unida contra a classe operária, "um personagem medíocre e vulgar" como Napoleão III foi suficiente.[213]

Nas políticas dos bolcheviques durante a NEP, havia um pano de fundo, uma tonalidade comum, qualquer que fosse o campo concreto de aplicação dessas políticas: uma tendência a transformar a classe

---

[213] Trotski, 1981a:205 ("Who is leading the Comintern today?", set. 1928).

operária num recipiente *passivo* de políticas — principalmente as econômicas — das quais ela dependia para a melhoria de suas condições de vida, e das quais ela era não o sujeito, mas o objeto.

Qual a causa dessa obliteração do proletariado como sujeito político? Não era, certamente, qualquer malevolência ontológica do bolchevismo (que, bem ou mal, soubera lançar raízes nas organizações de base do proletariado russo pré-1917), mas o simples fato de que as devastações da Grande Guerra e da Guerra Civil, associadas às requisições do Estado soviético, haviam privado a classe operária da quase totalidade de seus talentos e competências — assim como interrompido o fluxo circulatório entre ela e o Partido Bolchevique, na medida em que o "estoque" pré-revolucionário de recursos humanos minimamente qualificados não fora renovado. Daí a absoluta necessidade do Partido de governar "em circuito fechado", a partir do mesmo núcleo de velhos bolcheviques que eram atirados para lá e para cá para resolver crises pontuais.

No vácuo de atividade política independente assim formado, a burocracia assumia o papel de sujeito exclusivo — e autossuficiente — do processo, o que, a longo prazo, permitiria que o Partido pudesse ser capturado por outro interesse de classe que não aquele que originariamente lhe deu forma. Se faltava o vínculo pulsional vindo de baixo para cima — o qual exige uma capacidade de atividade política independente dos "de baixo" —, a unidade de ação passava a ser produzida, cada vez mais, por cooptação: "Os recursos do Partido e do Estado concentram-se nas mãos de uma fração fechada, ou de um pequeno grupo dentro dela (...) ligado pela sua disciplina interna, tida como mais importante que a do Partido".[214] Esse processo de cooptação acabava adotando uma dinâmica própria: por mais que a recuperação econômica e cultural desde meados da década de 1920 permitisse o fluxo

---

[214] Trotski, 1980b:114 ("Party unity and the danger of split", memorando, out. 1926).

de sangue novo revolucionário a partir das bases, esse fluxo hipotético encontrava-se agora bloqueado pela camarilha stalinista.

Qual o lastro ideológico — perguntava Trotski, cada vez mais hostilizado, à Conferência Preparatória do XV Congresso do Partido — das pretensões de legitimidade do grupo stalinista/bukharinista dominante? Segundo Trotski, eles não estavam interessados em uma resposta objetiva às questões concretas do momento, mas em transformar tudo numa discussão sobre a suposta fidelidade (deles) ou falta de fidelidade (de Trotski) à Revolução "em si mesma", às jornadas revolucionárias de 1917 e seu projeto socialista. A isto, Trotski retrucava:

> Quando um alemão fala de uma coisa "em si mesma", ele está usando um termo metafísico que coloca a Revolução fora de toda conexão com o mundo real em torno; ela é abstraída de ontem e de amanhã, e considerada uma "essência" da qual tudo deriva (Trotski, 1980b:135, "Speech to the Fifteenth Congress", 1 nov. 1926).

O "ser em si" só existe concretamente como "ser para si", e este "para si" exige ser *para alguma coisa*...[215] As origens socialistas do Partido Bolchevique não garantiam que tudo o que viesse a fazer tivesse um caráter socialista.

Muitos anos depois, um satírico brasileiro debocharia impiedosamente de um presidente da República com veleidades literárias que começou assim um romance: "Era longe, o Brejal...". Perguntava o satírico, *longe de onde?* Em relação a quê? Há o mesmo problema com a afirmação "Stalin é comunista". Comunista para quem? Para a classe operária? Para o *kulak*? Para seus amigos políticos íntimos?

O bolchevismo — como qualquer outro partido ou movimento que exista historicamente — nada é "em si mesmo". Uma das chaves

---

[215] "A materialidade certamente existe; ela está no ato, mas, como dizia o velho Duns Escoto, ela não é o ato de nada" (Veyne, 1983:117).

A Oposição Unida e o destino do bolchevismo   117

de ouro do discurso de Trotski ao XV Congresso era exatamente seu comentário sobre a afirmação recente de Bukharin de que era possível construir o socialismo na URSS "a passo de lesma", apoiando-se apenas sobre os recursos providos pelos excedentes agrícolas, "se abstrairmos daí os fatores internacionais". Sobre isso, Trotski comentou, produzindo gargalhadas de uma audiência hostil, que é perfeitamente possível, também, andar nu pelas ruas de Moscou em janeiro, desde que possamos "abstrair" do cenário o clima e a polícia... "Desde quando existiu esse caráter autossuficiente de nossa Revolução?"[216]

O grande problema político, portanto, era o de colocar outros recursos sobre a mesa de jogo. A partir do momento em que Trotski recomeçou sua luta contra o grupo stalinista/bukharinista no Partido, agora aliado a Zinoviev e Kamenev numa Oposição Unificada, ele sabia de antemão que suas possibilidades de triunfo eram nulas, ou quase nulas. Trotski considerava seus novos aliados dúbios e hesitantes — burocratas que, mesmo quando assumiam o papel de oposicionistas, só o faziam para forçar uma reconciliação posterior com Stalin.[217] Ele mesmo, Trotski, na véspera dos preparativos ao XV Congresso, acatou uma "conciliação" humilhante junto ao Bureau Político, pela qual a Oposição Unida aceitava cessar sua atividade fracionária e desautorizava a velha ultraesquerda remanescente da Oposição Operária (Shliapinikov, Medvedev), que já se movimentava pela criação de um partido neobolchevique independente — uma "trégua" que só não chegou a vigorar por ter sido rompida unilateralmente por Stalin, que foi "convidado" pelo Comitê Central (i.e., convidou-se) a apresentar na conferência preparatória um relatório acusatório sobre a Oposição.[218] Diante da perspectiva de ser posto no pelourinho, Trotski decidiu-se a reagir do modo mais violento

---

[216] Trotski, 1980b:158-159 ("Speech to the Fifteenth Congress", 1 nov. 1926).
[217] Deutscher, 2003b:244.
[218] Ibid., p. 246-247.

possível,[219] mas consciente de que suas chances de sucesso eram praticamente inexistentes; como ele diria a Victor Serge (1951:232): "Há sempre um grande risco a correr. Um termina como Liebknecht[220] e outro como Lenin".

Isso tornava sua atividade, naquele momento, mais um *happening* do que um empreendimento propriamente político, com finalidades concretas. Naquelas circunstâncias, contar com o peso da realidade objetiva, ou seja, a presença real da base operária do Partido, era inútil. Como Trotski escreveu num de seus memorandos, a base objetiva tinha sido diretamente impactada pelos acontecimentos históricos em sua percepção subjetiva das coisas:

> A velha geração da classe operária, que fez duas revoluções, ou fez a última (...) está sofrendo de exaustão nervosa [e teme] qualquer nova sublevação, com suas perspectivas acessórias de guerra, saques, epidemias. (...) O espantalho que se fez da teoria da Revolução Permanente tem precisamente o propósito de explorar a psicologia dessa seção substancial da classe operária, que não é de maneira nenhuma composta de carreiristas, mas que ganhou peso, constituiu família. [Quanto] à nova geração [esta] carece de experiência da luta de classes. (...) Ela não tem como agir por conta própria (...) e cai imediatamente no ambiente (...) do Partido, suas tradições, autoridade, disciplina etc. (...) A questão da orientação correta da jovem geração (...) adquire uma importância colossal (Trotski, 1980b:170-171, "Theses on Revolution and Counterrevolution", 26 nov. 1926).

Resumindo, ele propunha que os mais conscientes entre os mais velhos cometessem suicídio político ritual — um verdadeiro haraquiri —

---

[219] Foi nessa situação que ele acusou Stalin face a face, numa reunião do Bureau Político, de "apresentar sua candidatura a coveiro da Revolução" (Deutscher, 2003b:248).

[220] O fundador do PC alemão, assassinado com Rosa Luxemburgo na repressão do levante spartakista de 1919.

A Oposição Unida e o destino do bolchevismo   119

em público, para a edificação dos mais jovens.[221] Tratava-se de escolher o martírio no sentido helênico da palavra: a autodestruição como testemunho.

Para ganhar o que, precisamente? A ressurreição?[222] Para quem escreve 80 anos depois dos fatos, é fácil dizer que essa era uma estratégia imaterial, já que Stalin não hesitaria, no final das contas, em rechaçar qualquer atividade independente da Oposição e por quaisquer meios, incluindo o extermínio em massa. Só que nós, que vivemos no que para Trotski era o futuro distante, sabemos também que a opção oferecida pelo bom-senso — servir o melhor possível ao consenso — não era, de fato, uma alternativa: o banho de sangue dos anos 1930 atingiria a todos — irredutíveis e capituladores, militantes e acomodados — mais ou menos do mesmo modo. A alternativa do *seppukku* político, do suicídio-protesto era, ao fim e ao cabo, a única que permitia *ganhar* alguma coisa... Mas de novo: o que, precisamente?

Como escreve Žižek, os trotskistas de hoje sabem muito bem como denunciar Stalin e fazer o balanço correto de todas as suas traições históricas ao projeto leninista original, mas não sabem explicar a importância *presente* dessas denúncias, para além do interesse puramente antiquário; quando tentam fazê-lo, apenas falam nas contínuas "traições" sofridas pela classe operária nas mãos de suas lideranças — o que é fazer dessa misteriosa classe operária revolucionária um *fetiche*, ou um "conceito-zumbi".[223]

---

[221] "Não compete ao marxista revolucionário — refletiu Trotski — curvar-se ao ânimo reacionário das massas. No momento em que sua consciência de classe está obscurecida, ele deve estar preparado para isolar-se delas" (Deutscher, 2003b:259).

[222] "Ó néscios e tardos de coração para crer tudo que os profetas disseram!" (Lucas 24, 25). Aliás, em 16 de novembro de 1927, com o jogo definitivamente perdido, o velho amigo de Trotski, o diplomata A. A. Yoffe, suicidava-se com um tiro de revólver e deixava ao amigo uma carta em que dizia "a vida humana só faz sentido se posta a serviço de um infinito" — o que, segundo Deutscher (2003b:320), era uma expressão, "em termos marxistas e num espírito ateu, do velho anelo humano da imortalidade, a da humanidade e de seu gênio".

[223] Žižek, 2005:336-337, posfácio.

120   Trotski diante do socialismo real

O interessante é que esses são precisamente os termos em que Trotski expunha a questão: num memorando (mais um) de inícios de 1927 — que não teve circulação ampla no momento de sua concepção, pois a imprensa do Partido estava vedada à oposição — Trotski dizia que os dois males ideológicos (gêmeos) da época eram o *burocratismo* e o *subjetivismo*, ambos nascidos de uma concepção pseudomarxista da relação entre base e superestrutura. Um burocrata, como Stalin, aponta para sua liderança e diz: "não há nada errado com a classe operária, eu garanto!", pois ele pressupõe que a "linha justa" do Partido, pelo simples fato de existir, dá um eixo e um sentido ao processo histórico. Já o subjetivista afirma: "não há nada errado com a classe operária — só [com] sua liderança burocrática";[224] ele acha que, se a classe operária existe, ela está voltada ontologicamente para o bem (a revolução) e que uma liderança pervertida pode apenas desviá-la temporariamente do bom caminho.

Segundo Marx e Engels, na *Ideologia alemã*, basta pensar no princípio hegeliano de que "só o real é racional" para perceber que a busca da existência "autêntica" numa utopia emancipatória e atemporal, *à la* Feuerbach, é inútil. A existência "inautêntica" em que a burguesia (ou o stalinismo) nos força a viver é, em seu momento histórico, a única autêntica, pois a única *real*;[225] a classe operária "autêntica" *não existe*, como também não existe a "linha justa" da burocracia. O que importa é o que a classe operária, como ente real, pode fazer *daí em diante*, em função das escolhas programáticas disponíveis. Daí a necessidade absoluta de conceber e executar um programa revolucionário viável.

O conceito de "termidor" que Trotski começou a desenvolver na época visava exatamente dar conta da relação dialética — portanto, assimétrica — entre a sociologia de uma classe e a sua política. De um lado, Trotski criticava a posição de seus opositores à direita — os

---

[224] Trotski, 1980b:209 ("For an objective assessment", 21 fev. 1927).
[225] Marx e Engels, 1976:66-67.

stalinistas e bukharinistas —, que partiam da ideia de uma identidade ontológica e suposta entre o partido e a classe operária, pela qual *tudo* o que o partido fizesse ou deixasse de fazer "serviria" aos interesses do proletariado. De outro, ele criticava os adversários à esquerda — os ultraesquerdistas, que começavam a ver o bolchevismo como uma usurpação do "autêntico" poder soviético — que buscavam resolver o problema da aporia entre classe e partido por meio de um mecanismo inverso ao dos stalinistas: em lugar de uma idealização do partido, a negação total de seu papel e a rejeição da política em favor da idealização da classe operária "em si" e do movimento espontâneo do proletariado, por meio, por exemplo, da idealização *ex post* do levante de Kronstadt e de sua palavra de ordem "abaixo os bolcheviques, vivam os sovietes!".

Em mais um memorando, Trotski apresentava o problema: acreditar que o fim da revolução, o "termidor", seria impossível pelo simples fato de o Partido ter chegado ao poder fundamentado num programa socialista é absurdo — mas não menos absurdo é crer que o movimento espontâneo da classe operária seria capaz, por si só, de preservar a revolução na pureza prístina. Como dizia Lenin, os elementos "sempartido" de Kronstadt serviriam apenas, em sua ausência de ideologia clara, como "um degrau da escada" pela qual os Guardas Brancos inevitavelmente subiriam,[226] já que a fraseologia libertária do levante seria apropriada pela direita (uma revolta de trabalhadores, apenas por ser "de trabalhadores", não tem qualquer compromisso ontológico com o socialismo), se não convertida num programa político definido, e os movimentos da "sociedade civil" do Leste Europeu dos anos 1980 provariam retrospectivamente tal coisa — sob a aparência de soberania da dita "sociedade civil", o que acabou prevalecendo foi uma restauração burguesa desprovida de qualquer traço progressista.[227]

---

[226] Lenin apud Trotski, 1980b:258-259 ("Thermidor", verão de 1927).
[227] Žižek, 2005:337.

No entanto, continua Trotski,

> se os homens de Kronstadt, membros ou não do Partido, poderiam ter deslizado para um regime burguês através do slogan dos sovietes e em nome dos sovietes, é também possível deslizar para posições termidorianas mesmo tendo a bandeira do comunismo nas mãos. É aqui que reside a diabólica habilidade da história (Trotski, 1980b:259, "Thermidor", verão de 1927).

Nem a ideologia nem a classe, por si mesmas, são capazes de dar sentido ao fluxo da história: a ideologia não tem materialidade, mas os interesses de classe e de estrato sim; porém, a classe só consegue agir ao apropriar-se de uma ideologia e aplicá-la proficuamente às situações concretas. E não só a classe pode cair na malha da confusão ideológica, como a ideologia, de modo quase imperceptível, pode ser adaptada para servir a cursos de ação política completamente diversos daqueles que ela pretendia originalmente facilitar — fenômeno ao qual corresponde o conceito de "termidor", isto é, o recuo da revolução — dentro da própria revolução.

V
Termidor

Termidor foi o primeiro dos muitos "finais" da Revolução Francesa, mais especificamente a derrubada violenta dos jacobinos radicais pela ala moderada de seu próprio partido na Convenção. Ele difere da Restauração por traduzir a ideia de uma revolução que "devora a si mesma" em vez de ser derrubada, ao contrário do ímpeto revolucionário que recua diante da possibilidade de autodestruição e trata de refrear-se. A tomada definitiva do poder ilimitado por Stalin lançaria a URSS no que muitos — Deutscher, inclusive — chamariam uma "segunda revolução", caracterizada pela coletivização forçada da pequena propriedade camponesa, pela industrialização a passo acelerado, pela eliminação da propriedade privada, pela exacerbação das lutas internas do Partido e pela sangrenta eliminação da velha guarda bolchevique e de seus simpatizantes e associados, num turbilhão homicida que faria *pendant* com o genocídio nazista nas histórias do século XX. Por isso, a palavra "termidor" sempre pareceu inadequada para descrever a stalinização da Revolução Russa, pois em nada se parece com o processo pelo qual a França revolucionária (Robespierre, Saint-Just e seus amigos guilhotinados) acomodou-se a um governo de mediocridades enriquecidas como o Diretório.

Não obstante, o Consulado e o Império napoleônicos, impossíveis sem o Diretório, inauguraram um novo banho de sangue na Europa... E o problema está aí: na tentativa de analisar uma situação histórica concreta a partir de referenciais de outro tempo e outro lugar histórico. Termidor não parece então ser mais um imprestável "conceito-zumbi"?

Termidor, como todas as analogias históricas, deve ser entendido como um *tipo ideal*, ou seja, um apanhado das características mais significativas de uma tipologia, mas jamais uma repetição. O traço mais distintivo do processo termidoriano é o afastamento do processo revolucionário de seus objetivos originais, mas um afastamento que é compreendido, pelos sujeitos políticos que o realizam, não como *rejeição* da situação anterior, mas como forma de *preservar* um ímpeto revolucionário original que estaria sendo deturpado. Termidor significa, em primeiro lugar, ilusão política, a crença de que o impulso revolucionário primordial possa sobreviver ao esvaziamento da situação material que lhe deu origem por meio do mero voluntarismo político, das ordens da cúpula. Como diria Trotski em julho de 1927, em sua defesa ao secretário da Comissão de Controle do Partido, Solz, os jacobinos que depuseram Robespierre o fizeram declaradamente em nome da liberdade ameaçada pela tirania de aristocratas e agentes de Willian Pitt, e não para transferirem o poder à burguesia emergente de compradores de bens nacionais.[228] Do mesmo modo, quando o Partido Comunista Chinês pôs fim à Revolução Cultural maoísta, originalmente buscava um "socialismo com características chinesas", e não a restauração do capitalismo, que foi o que ocorreu.

Quando o termo começou a aparecer nos escritos de Trotski, surgiu sob esta forma: o de uma restauração oculta disfarçada sob uma fraseologia política revolucionária. Inicialmente, Trotski parecia achar que o Termidor era uma autolimitação da Revolução Russa, uma conciliação do Partido Bolchevique com os interesses dos camponeses ricos,

---

[228] Apud Deutscher, 2003b:286-289.

que terminaria na constituição de um capitalismo de Estado de tipo corporativo, presidindo uma economia fundamentalmente agrária e exportadora de *commodities*, em que a ideologia dominante do grupo dirigente seria provida por Bukharin. Por isso ele considerou para seus seguidores e aliados que, para prevenir a emergência do Termidor, seria até capaz de fazer uma aliança com Stalin contra Bukharin, mas jamais o inverso... o que Deutscher (2003b:264) afirma parecer hoje o produto de uma imaginação superalimentada de referências históricas pretéritas. Mas a possibilidade desse Termidor particular era real e afigurava-se óbvia: durante as lutas fracionárias de 1926/27, havia-se dado muita importância a um regulamento patrocinado pela fração dominante do Partido, que abria a possibilidade de alistamento eleitoral a camponeses ricos — até então privados de direitos políticos nos termos da Constituição leninista —, o que o autorizava a pensar numa expansão hipotética da base política do Partido mediante sua abertura à direita.

O que impediu esse Termidor particular foi o papel de Stalin, que, em finais de 1927, diante de uma colheita catastroficamente baixa e da consequente crise de abastecimento das cidades, resolveu reagir não mais por meio de concessões aos camponeses, mas recorrendo a operações do tipo *manu militare*, destinadas a coletar, à força, grãos dos camponeses. Stalin mudou da noite para o dia: da moderação à encarnação da intransigência.[229] A partir do momento em que ele — com a oposição de esquerda reprimida e neutralizada, seus líderes expulsos do Partido e exilados, e com Trotski no Cazaquistão — resolveu dar um passo à frente e embarcar na sangrenta empreitada da estatização da economia agrária por meio do confisco de estoques, instalações, animais e da coletivização forçada, a perspectiva do Termidor *em particular* como "normalização pacificadora" da sociedade soviética (i.e., como uma forma histórica a mais de capitalismo periférico) desapareceu do horizonte dos

---

[229] T.H. Rigby apud Suny, 1998:159.

futuros possíveis — mas não o Termidor *em geral*: a deriva da Revolução Russa para uma direção politicamente conservadora.

Em que consistiria essa direção conservadora? Num ensaio de 1928, sumarizado por Isaac Deutscher, Trotski analisava a possibilidade de uma quartelada que revertesse o processo de crescente afirmação da ditadura pessoal de Stalin, a qual considerava mais viável do que a restauração. Em vez de um golpe militar que logo assumiria um caráter claramente anticomunista, Trotski acreditava que Stalin só poderia exercer sua ditadura por meio do Partido, o que o impediria de assumir um caráter abertamente contrarrevolucionário. No entanto, o mando pessoal de Stalin, ao sobrepor-se ao equilíbrio social já existente, teria de recorrer, para manter-se, ao mecanismo bonapartista do "golpe de Estado diário", ou seja, lançando um estrato da burocracia contra outro e reprimindo impiedosamente qualquer simulacro de iniciativa e atividade política independente. Ao fazer isso, ele acabaria por criar um vácuo de iniciativa e atividade política que permitiria a infiltração ideológica de toda espécie de forças políticas antissocialistas: "o filme da Revolução" estaria "correndo para trás", e o papel de Stalin nele seria o de um "Kerensky ao contrário":[230] Kerensky foi o candidato a herói da Reação que abriu o caminho à Revolução, enquanto Stalin seria o pretenso paladino da Revolução que abriria o caminho à Reação.

Note-se que Trotski não fala do conteúdo material das medidas tomadas por Stalin, mas da sua forma de direção política, ou seja, o estilo autoritário da direção stalinista, que, ainda que aplicado com a finalidade de consolidar o socialismo, preservava sua autoridade às expensas da formação política da massa operária e da sua capacidade de adquirir um capital de iniciativa política. A persistência no autoritarismo faria com que a "forma" transcendesse o "conteúdo", e o autoritarismo revolucionário, mais cedo ou mais tarde, se converteria em contrarrevolução.

---

[230] Deutscher, 2003b:384-386.

Muitos veriam na coletivização forçada de Stalin e na industrialização acelerada que a ela se seguiu uma medida modernizante de caráter intrinsecamente progressista, embora Isaac Deutscher reconhecesse que essa "segunda revolução" fora algo *imposto pelas circunstâncias* a Stalin, que teve de abandonar seu projeto moderado de desenvolvimento econômico quando o fracasso deste ameaçou seu regime: "não foi culpa de Stalin, ou um mérito seu (...) que ele tenha sido constantemente compelido a abandonar a 'segurança' em favor dos mais perigosos empreendimentos".[231] Um historiador mais acadêmico como Suny (1998:221) também afirma:

> Embora para muitos historiadores [o stalinismo] parecesse ser a culminação do marxismo, ou do leninismo, ele foi muito mais o produto do contexto particular de atraso econômico e social no qual os comunistas se viram. A vitória de Stalin e de seus seguidores dentro do aparato do Partido, e suas respostas improvisadas para uma série de crises que eles mesmos haviam provocado, lançou as fundações de um sistema político que os próprios stalinistas não haviam previsto.

O desastre político e econômico gerado pela coletivização forçada foi tão evidente que em março de 1930 o próprio Stalin (apud Suny, 1998:224) admitiu publicamente, num artigo intitulado "Ébrio de sucesso", que o processo de expropriação tinha ido tão rápido que o Partido corria o risco de isolar-se das massas... Seja como for, a coletivização foi bem-sucedida em garantir as bases mínimas do processo de industrialização acelerada: a colheita de 1930 produziu 77 milhões de toneladas de grãos (o equivalente à colheita recorde de 1926), a despeito da quebra total da produção animal, da devastação completa dos rebanhos massacrados pelos camponeses para evitar a expropriação, do 1,5 milhão de expropriados, dos 63 mil chefes de família presos ou

---

[231] Deutscher, 1982:297.

executados etc.[232] O mais importante, no entanto, do ponto de vista político, como escreve Suny (1998:231), é que a industrialização stalinista solapou as bases internas do projeto político soviético: onde o leninismo tentou formar uma espécie de consenso entre a ditadura do proletariado e as massas não proletárias, o stalinismo usou a coerção, pura e simples.

As críticas de Trotski ao processo de superindustrialização stalinista — que muitos historiadores consideraram pura má vontade e inveja ao reconhecimento da "patente" de um plano econômico e dos métodos autoritários que ele e seus seguidores haviam, afinal, elaborado[233] — apoiavam-se exatamente em seu aspecto político: segundo Trotski, era a partir do interesse histórico da ditadura revolucionária que a coletivização devia ser considerada — "numa ditadura proletária, na qual (...) um poder de extensão sem precedentes é colocado nas mãos da liderança (...) a violação do espírito democrático torna-se o maior e pior dos males".[234] As medidas necessárias para a industrialização, por tanto tempo adiadas, eram agora tomadas de afogadilho, por meio de métodos "puramente administrativos" (i.e., repressivos) e, *eo ipso*, nocivos:

> Há muito a oposição vinha propondo um empréstimo forçado de grãos dos elementos ricos das aldeias. Certamente, seria uma medida excepcional. Mas toda a política prévia tinha tornado tais medidas inevitáveis. Se esse empréstimo tivesse sido feito metodicamente e cedo, teria reduzido ao mínimo excessos administrativos que são um custo muito alto para a obtenção de resultados materiais muito modestos [como] aldeias cercadas, bloqueios em estradas.[235]

---

[232] Suny, 1998:226.

[233] Cf. Rogovin, 1998:310.

[234] Trotski, 1981a:114 ("Two methods of leadership", 2 jun. 1928).

[235] Ibid., p. 168 ("The July Plenum and the Right Danger", 22 jul. 1928). Como lembra Suny (1998:231), é bem possível que, do ponto de vista econômico, o ganho líquido da

Ao apresentar o que era mera incompetência administrativa como um "programa econômico", Stalin e seus colegas apenas se conformavam ao papel atribuído aos comunistas pela propaganda de direita: o de bandidos e saqueadores.[236] De fato, a coletivização stalinista e seu cortejo de males se tornariam um caso clássico da historiografia anticomunista, juntamente com o pacto Molotov-Ribbentrop,[237] outro caso em que Stalin conduziu tão atabalhoadamente o que a necessidade objetiva lhe impôs que danificou seriamente qualquer pretensão de legitimidade subjetiva.

A pior consequência da coletivização stalinista não foi seu cortejo de devastações e mortes, mas a cisão insuperável que criou entre os interesses sociais do proletariado e do campesinato (e sua liderança política), quando optou por resolver o problema real da relação econômica campo/cidade por meios puramente coercitivos. Os métodos "administrativos" do stalinismo, por mais que pudessem parecer revolucionários, só poderiam servir à direita; em última análise, produziram uma só coisa duradoura: a completa ineficiência econômica do socialismo real que, no final das contas, seria o grande argumento da propaganda neoliberal para enterrar a ideia do socialismo.[238]

Nesse momento, seria tentador para Trotski negar o caráter socialista do stalinismo, mas *não* foi o que ele fez. Articular a questão

---

coletivização tenha sido *nulo*: as colheitas recordes do período podem ter sido produzidas pelo simples fato de o massacre de animais ter reduzido a demanda por rações. Em suma: "A coletivização (...) apenas tornou mais fácil para o Estado tomar o que estava disponível sem dar-se o trabalho de negociar com o campesinato".

[236] Trotski, 1981a:169 ("The July Plenum and the Right Danger", 22 jul. 1928).

[237] O Pacto Molotov-Ribbentrop, assinado em 23 de agosto de 1939, foi um tratado de não agressão firmado às vésperas da II Guerra Mundial entre a Alemanha nazista e a União Soviética.

[238] R.B. Day, sempre muito maldisposto em relação a Trotski, reconhece que, "no exílio, ele postulou uma variedade mais flexível de socialismo, baseada na interação entre plano e mercado. Stalin ignorou essa postulação, e os planejadores soviéticos ainda estão tentando alcançar um balanço satisfatório entre controles horizontais e verticais e a tomada de decisões" — balanço satisfatório que jamais foi conseguido (cf. Day, 2004:46).

nesses termos seria algo bastante empobrecido intelectual e politicamente, como uma versão esquerdista dos dilemas apresentados por Bukharin à oposição antes de ele mesmo cair em desgraça por causa de seu desacordo com Stalin: — *Ou bem nós somos socialistas, com a NEP [Nova Política Econômica] e tudo, e vocês têm de nos apoiar, ou então não somos socialistas, e vocês, que não nos apoiam, são traidores da União Soviética.* Para os ultraesquerdistas da época, os centralistas democráticos remanescentes da velha Oposição Operária, o dilema era este: ou Stalin não é socialista (e então seu regime tem de ser derrubado a qualquer custo), ou ele é, e por isso tem de ser apoiado incondicionalmente. Segundo Trotski, quem raciocina assim "quer ter fatos sociais 'claros', isto é, completamente acabados"[239] — isso é escolástica, e não dialética.

Em seu caráter de classe o stalinismo é socialista, pois sua base de poder é a classe operária organizada no Partido Comunista. Porém, essa base está organizada — no que diz respeito à sua imensa maioria — de forma *passiva*, burocraticamente enquadrada. Sua economia é socialista, mas sua política só o é em traços muito gerais e na medida em que é obrigada a responder aos interesses gerais da classe proletária. Bem ou mal, a coletivização forçada foi uma resposta a um problema concreto da classe operária soviética (a crise de abastecimento da indústria e da própria economia urbana). Não podemos decidir nossa posição política a partir de um único fator: o stalinismo não é nem intrinsecamente progressista (devido à sua economia), nem intrinsecamente reacionário (devido à sua política) — ele é *as duas coisas*. Ele também não é o capitalismo, mas pode ser sua antessala, já que, ao alienar-se burocraticamente de sua base social, gradualmente perde legitimidade e torna-se suscetível a uma derrubada "de fora", a não ser que seja reformado "de dentro". Ou a reforma do Partido, ou a contrarrevolução.[240]

---

[239] Trotski, 1981a:294 ("Our differences with the democratic centralists", 11 nov. 1928).
[240] Ibid., p. 295 ("Our differences with the democratic centralists", 11 nov. 1928).

A burocracia emerge do fluxo inacabado dos fatos sociais; quando compelida a ordená-los, adquire feições autoritárias, atribuindo-se características *imanentes*. A ditadura do proletariado, para os stalinistas, é

> um fator autônomo, autossuficiente, ou uma categoria metafísica, situado acima e além das relações de classe reais, contendo em si todas as garantias necessárias [pois] cada burocrata tende a ver a ditadura como um anjo da guarda sobre sua escrivaninha (Trotski, 1981a:394, "Philosophical tendencies of bureaucratism", dez. 1928).

Isso, todavia, não quer dizer que a burocracia esteja *a priori* desligada de sua origem de classe, muito pelo contrário: o stalinismo legitima-se chamando para si a custódia da ditadura do proletariado. Se uma burocracia capitalista concentra-se em administrar "as coisas" supostamente fora da política, a burocracia stalinista, mais do que intensamente politizada, é *a* política, para não dizer *a* sociedade.[241] Assim, o stalinismo não pode ser visto tal qual uma volta direta ao capitalismo, e o Termidor não pode ser exatamente considerado uma contrarrevolução (uma restauração).

Numa crítica a um artigo sobre a coletivização stalinista, escrita no início de seu exílio na Turquia, Trotski considerava o papel desempenhado pelo stalinismo e suas práticas uma tendência *centrista* no interior do Partido Bolchevique, uma tentativa de arbitrar (autoritariamente) entre a linha moderada da conciliação com o campesinato

---

[241] "Em um dos poucos diários camponeses que temos da era de Stalin, o grande assunto do autor era o tempo (...) o governo era praticamente ignorado. Diários urbanos, ao contrário, descreviam cuidadosamente as grandes iniciativas do governo (...) e são importantes particularmente pela quantidade de tempo e de pensamentos que seus autores dedicam à vida pública (...) A vida particular e as emoções privadas estão presentes, mas parecem confinadas e espremidas pelos acontecimentos e pressões públicos, sempre prontos a assumir o primeiro plano em função de alguma crise externa" (Fitzpatrick, 2000:220).

rico e a linha claramente proletária. Bem ou mal, as políticas stalinistas não tinham nada de arbitrário — correspondiam aos interesses reais da classe operária,[242] mesmo que estes não se expressassem abertamente:[243] ainda que "encontros e congressos tenham dado lugar a uma agência de informações no Partido, telefones grampeados e censura da correspondência, a pressão de classe faz-se sentir".[244]

Analogias mecânicas com a história francesa à parte, o stalinismo não era um bonapartismo, isto é, um aparelho de Estado sem ligações diretas com os diversos interesses de classe.[245] O stalinismo dos anos 1930 procurava uma identificação direta com a classe operária: a (alta) burocracia "busca conscientemente dissolver o Partido na classe, de modo a libertar-se do controle do Partido [como uma agência política]".[246] O problema, no entanto, é que o Partido *não é a classe*: por mais que defina a si mesmo em função dos interesses desta, tem autonomia suficiente para, em determinada situação histórica, descolar-se

---

[242] Como escreve Trotski em outro artigo — dessa vez polemizando com seu ex-aliado Radek —, o objetivo da NEP era o de garantir uma relação *econômica* recíproca entre classe operária e campesinato que garantisse a hegemonia *política* do primeiro; a coletivização forçada, ao tentar resolver os problemas do abastecimento e da industrialização, "não como o cumprimento e fruição de uma relação consolidada, mas como um substituto administrativo de sua ausência", tinha solucionado o problema econômico, mas pela via de uma catástrofe política (Trotski, 1981c:90, "The foundations of socialism: a foolish man on a serious subject", maio 1932).

[243] Como nota Arch Getty (1994, cap. 3, passim), ainda que as organizações de base do Partido stalinizado não tivessem qualquer papel ativo em sua política, elas tinham grande capacidade de fazer qualquer iniciativa da cúpula fracassar pela resistência passiva da mera inércia burocrática: numa data tão tardia quanto 1935, um recadastramento de membros do Partido (*proverka*) que tinha como objetivo desmascarar "inimigos do povo" infiltrados foi tão lento e tão malfeito que teve de ser totalmente refeito em 1936, e Getty o chama de um "estudo de caso de incompetência burocrática".

[244] Trotski, 1975b:208 ("Towards capitalism or socialism?", 25 abr. 1930). Sheila Fitzpatrick (2000:224) confirma que a polícia política — o NKVD — realizava sondagens de opinião que permitem verificar que o regime era "relativa mas não desesperadamente impopular" nas cidades — mas que sua impopularidade era muito maior no campo.

[245] Ibid., p.206 ("Towards capitalism or socialism?", 25 abr. 1930).

[246] Trotski, 1993:86 ("Remarks on Frank's work on collectivization", 9 dez. 1930).

da classe e mesmo se ligar a outra — ele está para a classe como o manômetro está para a caldeira, no sentido de que aquele é o que dá direção à pressão acumulada nesta, e "o desarranjo do manômetro significa o risco constante de explosão da máquina toda".[247]

Qual seria a forma precisa dessa explosão? Num artigo de 1933, escrito sob o impacto do fracasso das políticas de ultraesquerda (Terceiro Período) da III Internacional em impedir a chegada de Hitler ao poder na Alemanha, Trotski voltaria ao problema com mais urgência, agora na tentativa de criar uma IV Internacional, dotada de uma identidade programática separada. Não mais se tratava de preparar uma (re) tomada do poder na URSS — onde a repressão stalinista entrementes se agravara e os líderes da oposição de esquerda capitulavam —, e sim de constituir um movimento comunista rival que se opusesse ao poder de atração internacional do stalinismo.[248] Por mais desiludido que estivesse de suas possibilidades de voltar vivo à URSS, Trotski teve o mérito de não seguir o caminho intelectual mais fácil rompendo com o stalinismo ao denunciar seu caráter não socialista — ruptura esta que era tida por natural por grande parte de seus seguidores. Como ele reconhece em seu panfleto, os (justamente) repugnados com os traços políticos cada vez mais autoritários do stalinismo começam negando-lhe o caráter de classe. Apesar de falso, esse é um raciocínio sedutor:

> O argumento mais (...) popular e, à primeira vista, irrefutável, em favor do caráter não proletário do presente Estado soviético, baseia-se (...) no estrangulamento das liberdades das organizações proletárias e na onipotência da burocracia. É possível identificar a ditadura do

---

[247] Trotski, 1993:212 ("Problems of the development of the USSR", 4 abr. 1931).

[248] "Como corrente de ideias, a fração bolchevique-leninista é incontestavelmente vivaz, e ela demonstrará que (...) seus líderes podem ainda pensar e agir em comum. Mas como organização, ela está virtualmente destruída. (...) Não é mais a União Soviética que está no centro das preocupações [de Trotski]; ele se dedica agora à construção de uma Oposição de Esquerda internacional fora da URSS" (Broué, 1988:639).

aparato — que levou à ditadura de uma só pessoa — com a ditadura do proletariado como classe?

Esse raciocínio tão convidativo está construído (...) sobre normas kantianas. Alguns nobres "amigos" da Revolução ofereceram-se uma concepção mais do que radiante da ditadura do proletariado, e ficam completamente prostrados diante do fato de que a ditadura real (...) não corresponde à encantadora imagem que eles se ofereceram. Desiludidos em suas mais caras emoções, eles viram as costas à União Soviética (Trotski, 1979:103, "The class nature of the Soviet State", 1 out. 1933).

A dominação *social* de uma classe não implica sujeição do mando político *real* à sua tábua de valores ideológicos, pelo menos não a todo momento e por consenso: a emergência do fascismo não eliminou o caráter burguês da sociedade alemã ou italiana, por maior que fosse o número de burgueses alemães e italianos que consideravam repugnantes as ditaduras de Hitler e Mussolini. A hegemonia de classe tem como condição básica manter determinadas instituições *sociais*, qualquer que seja a forma política pela qual essas instituições são preservadas. Do ponto de vista do ideal normativo de autogestão socialista, a ditadura do proletariado stalinista é um caso patológico, mas, ainda assim, uma ditadura do proletariado. O segundo argumento, muito retomado pelos historiadores americanos dos anos 1970 em diante, é o de que o sistema político stalinista *não* se mantinha somente pela coerção: "Os operários temem abrir caminho para o inimigo de classe se derrubarem a burocracia".[249] O fato é que para a maior parte do proletariado soviético *real*, o sistema político stalinista fazia parte da ordem natural das coisas; e a ascensão do fascismo não era estranha a esse processo de naturalização ideológico.

---

[249] Trotski, 1979:105 ("The class nature of the Soviet State", 1 out. 1933).

O que estabelece o caráter de classe do Estado soviético é um traço solitário, mas que representa sua afinidade eletiva fundamental: a defesa da propriedade estatal, acentuada ainda mais pelo stalinismo após a liquidação da NEP e a virtual eliminação da exploração privada da terra. Exatamente por isso, ele não é bonapartista — pois não "arbitra" entre classes rivais, já que se quer intransigentemente proletário —, nem é um capitalismo de Estado — pois não exerce a função de regulador dos interesses capitalistas preexistentes, nacionais ou setoriais.[250] Seu ponto de vista putativo são os interesses do proletariado enquanto classe. Uma classe (ou, mais exatamente, uma classe hegemônica), diz Trotski, define-se "não pela sua participação na distribuição da renda (...) mas pelo seu papel *independente* na estrutura econômica geral e pelas suas raízes *independentes* nas fundações econômicas da sociedade"[251] — papel que se traduz pela fixação de um *regime geral de propriedade*. Ora, a burocracia stalinista não tem essa posição independente, ela não tem privilégios *garantidos* — apenas contingentes —, de acordo com o papel que Trotski lhe atribui: "Suas funções referem-se basicamente à técnica *política* do mando de classe".[252]

Trotski implicitamente propõe o que Popper chamaria de "condição de falsificabilidade" quando sugere que a burocracia era a "excrescência", o "tumor", da classe operária: "Um tumor pode crescer a um tamanho imenso e até destruir um organismo, mas um tumor nunca pode tornar-se um organismo independente".[253] Em outras palavras: o fim da propriedade estatal na URSS, como forma predominante de organização econômica, representaria o fim da burocracia stalinista enquanto tal. Se a burocracia conseguisse organizar uma forma de gestão política da sociedade em que pudesse reproduzir a si mesma

---

[250] Trotski, 1979:107-109 ("The class nature of the Soviet State", 1 out. 1933).
[251] Ibid., p. 112, grifos meus ("The class nature of the Soviet State", 1 out. 1933).
[252] Ibid., p. 112, grifo meu ("The class nature of the Soviet State", 1 out. 1933).
[253] Ibid., p. 112 ("The class nature of the Soviet State", 1 out. 1933).

indefinidamente, como proprietária coletiva e classe dominante,[254] então se poderia falar de um "coletivismo burocrático" como um novo modo de produção, nos moldes estabelecidos por certos comentaristas ultraesquerdistas de Trotski (Rizzi, Burnham).[255] A questão é que a legitimidade da burocracia stalinista advinha de sua ligação política e fidelidade ao proletariado, mesmo que apenas teórica em relação ao "discurso" socialista original e à propriedade estatal. Quando, nos anos 1980, ela rompeu com esse discurso e essa forma de propriedade, longe de tornar-se capaz de realizar uma política própria, simplesmente se dissolveu.

Ideologicamente, a burocracia stalinista, nos anos restantes do governo de Stalin e durante o governo de seus sucessores, apelou para os instrumentos de legitimação mais heterogêneos possíveis: o nacionalismo russo, as tradições de mando autocrático do tsarismo, a unção religiosa (Stalin durante algum tempo cortejou a ortodoxia), o constitucionalismo representativo "de todo o povo". Com isso, conseguiu "cronificar-se" a tal ponto que parecia (como aos teóricos do totalitarismo) inamovível, mas o fato é que a posição privilegiada da burocracia dependia de sua ligação com o proletariado, para o qual ela cumpria a função de gerente da propriedade coletiva. Por esse motivo, quando se dessolidarizou da economia planificada e tentou (re)conciliar-se com a propriedade privada capitalista, imediatamente entrou num declínio inesperado e rápido. O fim da URSS impactou todas as consciências de nosso tempo, principalmente porque ocorreu sem maiores convulsões e resistências de peso: a máquina não explodiu, simplesmente "bateu pino". É óbvio que na Rússia e nas antigas repúblicas soviéticas pós-1991 um grande número de burocratas converteu-se em novos burgueses, mas não existe nenhuma identidade necessária entre burocracia stalinista e burguesia pós-soviética, pois

---

[254] Cf. Marcuse, 1963:144.
[255] Cf. Deutscher, 2003c:377.

muitos ex-burocratas soçobraram na pobreza e vários não burocratas tornaram-se novos-ricos. O regime social mudou.

Se a classe operária é a classe hegemônica, isso quer dizer que existem outras classes ou, precisamente, outros interesses de classe que podem ser ativados de "fora" para "dentro" — do interior do sistema capitalista internacional para dentro da URSS. O fraco desenvolvimento de uma economia socialista que parte de uma base capitalista atrasada significa que "a urgência da apropriação individual (...) entra em choque contínuo com o caráter coletivista da vida econômica",[256] ou seja, o interesse concreto dos burocratas, como indivíduos, entra em choque com o interesse geral de classe que eles supostamente representam.

A burocracia soviética, enquanto existiu, viveu num permanente estado de crise política interna. Chocava-se com sua própria vontade política coletiva, já que a grande massa dos burocratas governava por inércia, de forma rotineira e sem convicção num credo político cuja simples existência opunha-se a seus interesses particulares.[257] Razão essa da necessidade constante do círculo interno do poder, para manter a máquina em movimento, abater qualquer foco de resistência, sobretudo as de tipo passivo. Trotski percebeu que essa lógica começou a funcionar depois do assassinato de Sergei Kirov,[258] um evento de pouca monta,[259]

---

[256] Trotski, 1974:118 ("The Stalinist bureaucracy and the assassination of Kirov", 28 dez. 1934).

[257] Ibid., p. 122 ("The Stalinist bureaucracy and the assassination of Kirov", 28 dez. 1934).

[258] Um fiel stalinista encarregado por Stalin de purgar o Partido em Leningrado, antigo feudo de Zinoviev. Em 1º de dezembro de 1934, Kirov foi assassinado por Leonid Nikolaev, no Instituto Smolny, em Leningrado, com um tiro na nuca. O assassinato jamais foi esclarecido, apesar das inúmeras especulações de cumplicidade do NKVD.

[259] Kirov, como é bem sabido, foi objeto de toda espécie de mistificações póstumas que o davam como um "liberal", secretamente assassinado por Stalin; mas, como diz Arch Getty (1994:93), "nenhuma evidência sugere que Kirov favoreceu ou aplicou qualquer outra política específica que não a Linha Geral de Stalin". O sonho do *deus ex machina* que vai sozinho restabelecer a justiça e a democracia — e que é prematuramente assassinado — é comum a qualquer sociedade politicamente morta (*e.g.* Germânico, JFK).

cometido por um indivíduo transtornado agindo por conta própria, mas sintomático da insatisfação latente e difusa, espalhada por toda a sociedade soviética, que necessitava ser ativamente reprimida.

Os anos que se seguiram ao assassinato de Kirov — 1935 e 1936 — foram os mais difíceis para Trotski, sucessivamente internado em condições restritivas e expulso de seus asilos na França e na Noruega, mais ainda tentando organizar a IV Internacional, ao tempo que enfrentava, nessas condições, o desencadeamento dos Grandes Expurgos de 1936-38, que se abateriam com especial crueldade e ímpeto homicida sobre seus parentes e associados na URSS. Foi nesse contexto que ele realizou sua grande obra de síntese sobre o Termidor, mais conhecida pelos títulos *A revolução traída*, ou *O que é a União Soviética e para onde se encaminha?*

Nessa obra, Trotski afirma que o regime stalinista não é o socialismo porque não pode sê-lo. Numa economia capitalista mundial, ele é uma anomalia, e também não tem condições materiais de criar um regime social novo, uma psicologia social não aquisitiva; ele é uma "província rebelde" na periferia do capitalismo, uma anormalidade política que se caracteriza pela "aplicação de métodos *socialistas* para a solução de problemas *pré-socialistas*".[260] No entanto, a política não pode, por um esforço de vontade, elidir para sempre os limites que lhe são impostos pela economia. Trotski escreve que as raízes da burocracia remontam ao início da década de 1920, quando os oficiais e graduados desmobilizados do Exército Vermelho (que ele pretendia concentrar em tarefas produtivas, como vimos no início deste livro) trataram de refugiar-se em postos burocráticos e administrativos, para ali preservar seus privilégios de função — "empurrando as massas gradualmente para fora da participação real na liderança do país"[261] —, o que era objetivamente natural, mas fatal para a preservação de qualquer traço democrático do Estado soviético.

---

[260] Trotski, 1983:57.
[261] Ibid., p. 89-90.

Não existe aí qualquer expressão de uma vontade demoníaca de poder pelo poder, presente somente nas ficções moralizantes dos historiadores reacionários. Um sinal distintivo da fraqueza originária do Estado soviético é o fato de a burocracia governante ter sido engrossada, desde muito cedo, por trânsfugas e renegados de todo o espectro político pré-1917 — "a maioria considerável da geração mais velha da presente burocracia esteve do outro lado das barricadas durante a Revolução de Outubro"[262] —, o que um partido "totalitário" não deveria permitir, mas que um Estado cronicamente desfalcado de quadros qualificados não pôde deixar de fazer. O desenvolvimento da burocracia stalinista, em suas origens, tinha objetivos weberianos: a busca de pessoal qualificado, dotado de um módico de qualificações técnicas mínimas, para a formação de um Estado modernizador. Mas a escassez desse pessoal resultou numa estratégia patrimonial de imposição do monopólio decisório ("os quadros decidem tudo", diria Stalin) pelo qual o restante da população ficava reduzido a uma condição politicamente passiva.

Isso determina uma diferenciação, num primeiro momento, não de classes, mas de grupos de *status*: uma burocracia socialista, não tendo direitos de propriedade, não tem a capacidade de organizar a produção em favor de seu interesse privado, mas pode fazer tal coisa com o consumo:

> Onde há bens suficientes numa loja, os fregueses podem circular livremente. Se há poucos, os fregueses têm de fazer fila. Se as filas são grandes, é necessário pôr um policial para manter a ordem. Esse é

---

[262] Trotski (1983:93). Em outro artigo, Trotski fornece precisões: "Guardas Brancos servem a Stalin como sicários, assim como o servem como promotores (Vyshinsky), publicistas (Koltsov, Zaslavsky) ou diplomatas (Troianovsky, Maisky)" Trotski (1985:30, "It is high time to launch a world offensive against Stalinism", 2 nov. 1937). Todos os personagens citados, em 1917, militavam em grupos antibolcheviques — mencheviques e bundistas.

o ponto de partida do poder da burocracia soviética. Ela "sabe" quem vai receber algo e quem vai ter de esperar. (...) Ninguém que tenha riqueza a distribuir deixa de lembrar-se de si mesmo (Trotski, 1983:112-113).

Trotski exemplifica com a história contada na imprensa soviética do menino que foi ao zoológico de Moscou e perguntou de quem era o elefante; quando soube que era do Estado, disse: "então é um pouco meu também". Entretanto,

> se o elefante fosse de fato dividido, suas presas de marfim seriam dadas aos privilegiados; uns poucos se regalariam com pernis elefantinos, e a maioria teria de contentar-se com pés e tripas. (...) O pequeno "socialista" do zoológico era provavelmente o filho de algum funcionário eminente (Trotski, 1983:239).

Ainda assim, a posição privilegiada da burocracia é contingente: ela não é, social e juridicamente, a dona exclusiva do elefante.

Nenhum regime político pode preservar indefinidamente uma psicologia e uma visão de mundo igualitárias, quando a vida real é sumamente desigual: numa URSS onde os únicos oásis de consumo eram as lojas privadas da burocracia e os pequenos negócios e comércios semiclandestinos, não havia como evitar que o senso comum terminasse por odiar a burocracia e desenvolvesse uma afinidade eletiva com o mercado livre... Como diz Trotski (1983:122), os camelôs e cambistas não são uma ameaça à economia planificada, mas estão para ela como a erupção de pele está para a febre: são sintomas que expressam o desenvolvimento de uma psicologia consumista pequeno-burguesa, da qual a própria burocracia não estava imune.

A burocracia na URSS não trabalhava pelos interesses de uma classe dominante pré-revolucionária: sua posição depende do seu papel de única expressão concreta dos interesses do proletariado. Como qualquer burocracia, era uma simples hierarquia administrativa que não tinha como reproduzir a si mesma com base nas relações de propriedade.[263] Daí sua ligação com o Estado soviético. Ela não conseguiria preservar seus privilégios corporativos no quadro de uma restauração burguesa vinda "de fora". No entanto, exceto se derrubada por uma revolução política do proletariado, ela não se interessará em perpetuar-se apenas como corporação: desejará cristalizar seus privilégios por meio da propriedade privada. Por isso, para Trotski, tudo se resumia, quanto ao futuro, na seguinte dicotomia: revolução política (democratização política da ditadura do proletariado) ou restauração capitalista (intervenção externa). Como a longo prazo a perpetuação da burocracia implicaria sua conversão "interna" em burguesia, a dicotomia permanece[264] — *tertium non datur*, não há terceira via.

Como dizia Trotski mais detalhadamente num artigo anterior, associar a tomada do poder pela burocracia ao Termidor implica presumir que o caráter de classe do Estado soviético continuava o mesmo — que o poder passou de um estrato ou grupo de pessoas para outro, mas dentro do quadro das relações de produção socialistas —, assim como a passagem do poder, na França pós-revolucionária, dos jacobinos ao Diretório e deste a Bonaparte não alterou o fato de que sua base de poder comum era o antigo Terceiro Estado. Por isso, a hostilidade das aristocracias europeias a *todos* esses governos da França. Do mesmo modo, o bolchevismo stalinizado foi até o fim estigmatizado pelas burguesias da Europa ocidental e (principalmente) dos Estados Unidos, como a continuação do bolchevismo revolucionário de 1917. Nos dois casos, diria Trotski, eles estavam corretos dentro dos seus interesses de classe,[265] na medida em que para eles a forma política específica do Estado em questão era de importância secundária.

---

[263] Trotski, 1983:249.
[264] Ibid., p. 253-254.
[265] Trotski, 1974:168-169 ("The Workers' State, Thermidor and Bonapartism", 1 fev. 1935).

Quando falamos em ditadura, confundimos a de poder pessoal ("a ditadura de Stalin") com a de dominação social ("ditadura do proletariado"). A questão pode ser resumida na seguinte fórmula: Stalin concentrou para si todos os poderes, mas esse poder pessoal *exercia-se nos limites da propriedade estatal* — mesmo com todos os seus poderes, Stalin jamais poderia acumular a fortuna privada de um Boris Yeltsin ao fim da vida; como qualquer outro burocrata soviético, ele poderia ter imensos privilégios *pessoais* no acesso a bens de consumo, mas estes privilégios não alteravam o regime geral de propriedade socializada, e tornavam-lhe impossível apropriar-se de uma fortuna pessoal, transmissível por herança, que se traduzisse em propriedade privada sobre meios de produção.[266]

Assim, o poder pessoal de Stalin, como o de seus contemporâneos Adolf Hitler e Franklin Roosevelt, realizava-se dentro dos limites das formas de organização social existentes *ex ante*, mas Stalin estava muito mais apto a interferir soberanamente na economia do que Hitler e Roosevelt, que não podiam ir além de uma "socialização" parcial da mesma, utilizando-se do espaço de manobra dado pelos interesses burgueses: Hitler e Roosevelt, ao formularem suas políticas econômicas, tinham de levar em conta a existência *ex ante* dos interesses e direitos de propriedade dos capitalistas alemães e americanos; Stalin, por sua vez, não tinha de respeitar nenhum direito de propriedade prévio e podia, portanto, agir sobre a economia de modo muito mais radical e abrangente.[267] Stalin podia manipular tudo na ditadura do proletariado, menos a sua ideologia própria, e as relações sociais gerais fundadas nesta ideologia. Por isso, diz Trotski, o Termidor de Stalin deveria ser entendido precisamente nos termos da analogia histórica original, não como a *aniquilação* ou o *cancelamento* da Revolução, mas como sua *estabilização* ad hoc *numa forma politicamente conservadora e*

---

[266] Deutscher, 2003c:247.
[267] Ibid., p. 376.

autoritária.[268] Stalin, assim, não é o análogo de Luís XVIII, mas o de Napoleão Bonaparte.

Todavia, Trotski sempre hesitou em considerar o stalinismo uma forma de bonapartismo, provavelmente porque considerava o carisma pessoal de Stalin — apesar de sua "genialidade" sicofanta ser uma das bases de legitimação do regime — um traço secundário, sempre atrelado à identidade partidária[269] e ao conteúdo social do regime soviético. Stalin não poderia sequer tentar o tipo de conciliação entre classes que Napoleão procurou realizar ao "enxertar-se", a si e à sua nobreza de Império, na teia de relações da sociedade aristocrática europeia. Para Trotski, se o stalinismo fosse um bonapartismo, seria um bonapartismo *soviético*,[270] no qual o conteúdo de classe limitava severamente a autonomia relativa de seu sujeito político — no caso, Stalin. Dependendo da evolução da conjuntura histórica, porém, esse bonapartismo poderia tentar apoiar-se sobre eixos "de calibre diverso",[271] isto é, sobre classes diversas; a burocracia soviética poderia, se o grau de degeneração revolucionária fosse alto o suficiente, tentar mudar o caráter de classe de sua dominação — um processo que se realizou, na prática, não sob Stalin, mas sob seus sucessores remotos —, mas, ainda assim, desmontando todas as estruturas políticas soviéticas no processo.

---

[268] Trotski, 1974:174 ("The Workers'State, Thermidor and Bonapartism", 1 fev. 1935).

[269] "O secretário-geral do Partido aferra-se ao poder em nome de seu gênio, e, no entanto, em nome do 'Centralismo Democrático' de Lenin, ele não é senão o mandatário do Partido, que poderia dar-lhe um sucessor [e daí] a contestação permanente de sua legitimidade que representa a existência mesmo do Partido" (Veyne, 1976:719). De fato, "tudo punha o Partido numa posição ambígua. Por um lado, era a criação de Lenin (...) a vanguarda do proletariado. Na imagem difundida nos anos [19]30, porém, era também uma organização envenenada pelos agentes do inimigo de classe, desde a célula local até o Politburo" (McNeal, 1986:265-266). Exatamente por isso é que o "Livro Vermelho" do stalinismo, o tristemente famoso *Curso Breve de História do PCR(b)*, descrevia toda "uma sucessão de vitórias, de triunfos dos bolcheviques [i.e., de Stalin] sobre idiotas, delinquentes e espiões" (Márek, 1986:276).

[270] Trotski, 1974:181 ("The Workers'State, Thermidor and Bonapartism", 1 fev. 1935).

[271] Id.

144 Trotski diante do socialismo real

A ditadura do proletariado é um regime frágil, que depende, fundamentalmente, de estruturas públicas para funcionar, enquanto a dominação burguesa se apoia sobre os interesses privados. A Restauração francesa de 1815, por mais que tivesse organizado uma mascarada reinauguração política do absolutismo, manteve intactas as relações de produção burguesas já consolidadas; inversamente, a ditadura do proletariado não poderia sobreviver à queda do regime socialista.[272]

No quadro conceitual de Trotski o stalinismo é um bonapartismo soviético ou, no jargão trotskista, um "Estado operário burocraticamente degenerado". Vem daí a necessidade de superar o stalinismo pela via da revolução *política*.

---

[272] Trotski, 1974:179 ("The Workers'State, Thermidor and Bonapartism", 1 fev. 1935).

VI
Revolução política e democracia soviética:
o socialismo de Trotski em seus últimos anos

Depois de ter trucidado tantos homens ilustres, Nero finalmente procurou destruir a própria virtude.

Tácito

Quase no final de *A revolução traída* encontram-se as linhas programáticas de um processo de revolução política na URSS:

Não se trata de substituir uma camarilha por outra, mas de mudar os métodos de administração da economia e da cultura. (...) A autocracia burocrática deve dar lugar à democracia soviética. Uma restauração do direito de crítica e uma genuína liberdade eleitoral são condições necessárias. (...) Tal pressupõe restabelecer a liberdade dos partidos soviéticos, começando com o dos bolcheviques (Trotski, 1983:289).

Desde a primeira hora, muitos críticos consideraram essa proposta lamentavelmente insuficiente, pois, ao garantir liberdades políticas para os partidos do espectro da esquerda ("partidos soviéticos"),

146 Trotski diante do socialismo real

assumiria um caráter limitado e vigiado. Como assinalou Deutscher (2003c:252), Trotski recuou da posição que adotara desde 1920/21 — a de sustentar um partido único como forma exclusiva de implementação da ditadura revolucionária — para sua posição pré-1920 — a de aceitar a colaboração entre partidos "situados no campo da Revolução de Outubro" como o alicerce de um poder revolucionário de bases democráticas restauradas. Mas essa posição era ambígua, pois "quem determinaria quais partidos eram e quais não eram 'soviéticos'? Seriam os mencheviques, por exemplo, considerados aptos a gozar de tal liberdade 'restaurada'?".

Ernest Mandel (1981:36), na década de 1970, propôs que esse critério deveria ser interpretado assim: numa democracia soviética "restaurada" — ou renovada — seriam legais todos os partidos que aceitassem a constituição socialista *na prática*, isto é, que aceitassem agir mesmo pela restauração da ordem social burguesa, desde que nos limites políticos da legalidade socialista. Porém, enquanto o campo socialista não se estendesse pelo menos até o centro capitalista, o critério de Mandel significaria que as potências imperialistas e seus agentes públicos e privados teriam carta branca para financiar a desinformação, a propaganda e a manipulação da opinião pública na periferia socialista; entidades como o Instituto Brasileiro de Ação Democrática (Ibad)[273] e o National Endowment for Democracy se tornariam centros legais de agitação golpista. O próprio Trotski (1983:390), na década de 1930, advertia para o fato de que a realização de seu programa dependeria das condições da política mundial: se uma revolução socialista bem-sucedida emergisse da Guerra Civil espanhola, ou da Frente Popular francesa, a Revolução de Outubro e seus ideais democráticos

---

[273] Entidade conservadora ligada ao Instituto de Políticas Econômicas e Sociais (Ipes), que teve um papel destacado no financiamento de campanhas conservadoras na eleição parlamentar brasileira de 1962. Uma das instituições mais destacadas na preparação do projeto político do Golpe de 1964.

estariam salvos; se tal não ocorresse, uma restauração burguesa estaria na ordem do dia. Nada muito diferente do que disse Fidel Castro em 2009: a perpetuação de Hugo Chávez no poder seria o *sine qua non* da salvação da Revolução Cubana. A (triste) verdade é que uma ditadura revolucionária não poderia sobreviver por muito tempo sem alguma espécie de restrição, maior ou menor, ao debate político democrático, e o que o texto de Trotski propunha seria uma redução dessas restrições ao mínimo estritamente necessário, não sua abolição. Um marxista, segundo Trotski, deve analisar os problemas diante do movimento real das coisas, e o fato é que o processo de desenvolvimento político do Estado socialista está ainda, em sua maior parte, no futuro.

Joseph Schumpeter (1984:297), um teórico conservador, expunha as coisas nos seguintes termos: toda ordem democrática baseia-se em alguma espécie de restrição ao debate político, na medida em que a democracia sempre traça certos limites além dos quais o debate ulterior é tido como inadmissível: para a democracia antiga, a abolição da escravidão era esse *nec plus ultra*; para a democracia liberal burguesa, a propriedade privada foi durante muito tempo a condição necessária para ser cidadão ativo; o mesmo quanto ao voto feminino — para quem considera que a capacidade de raciocínio político abstrato tem por condição necessária o sexo masculino ("anatomia é destino", como disse Freud certa vez) seria inadmissível considerar as mulheres como sujeito político de direito próprio. Ninguém adere à democracia *em si*, ela é sempre utilizada como um *método* para a realização de determinados fins concretos: a democracia liberal interessa à opinião pública burguesa na medida em que funciona como garantia da propriedade privada; a democracia socialista só fará sentido se for um meio para a realização da ditadura do proletariado — e quem aceita isso mostra que dá mais valor ao socialismo, como fim, do que à democracia, como meio. Schumpeter (1984:307, nota 13) afirmava que a legalidade soviética poderia ser democrática e admitir o unipartidarismo desde que a *vida interna* do Partido Bolchevique preservasse

148 Trotski diante do socialismo real

um módico de debate livre entre seus membros, o que era a posição tacitamente assumida por Trotski e seus aliados políticos na década de 1920, que nunca colocaram o pluripartidarismo na ordem do dia; o que lhes interessava era preservar o debate livre dentro do Partido.

Aceitar os termos de Schumpeter nos conduz, infelizmente, a uma visão elitista da democracia: a democracia soviética como algo tão circunscrito quanto os sistemas políticos da África do Sul do *apartheid* ou de Israel, onde os membros do grupo dominante têm todos os direitos e franquias democráticos, e os não membros são ou cidadãos de segunda classe, ou meros estrangeiros residentes, apenas tolerados. Uma democracia socialista dessa ordem estaria em conflito permanente com suas pretensões programáticas igualitárias e careceria de legitimidade. É o que dizia Marx em *A questão judaica*, debatendo com Bruno Bauer: não é possível instituir o Estado laico e recusar-se a emancipar o judeu, pois o que caracteriza o cidadão secular é sua condição genérica de cidadão, não a de judeu; mas numa democracia burguesa o interesse particular e concreto do "judeu" (i.e., do burguês e proprietário privado) conflita com o interesse geral abstrato.[274]

Exatamente por isso é que a questão da democracia soviética, como forma *política*, nos leva ao problema de suas bases *sociais*: uma equalização de direitos políticos no socialismo — a extensão dos direitos políticos aos não membros do Partido e aos não operários — depende de que exista um interesse geral quanto à preservação da igualdade social — em suma, "a influência do proletariado deve estar suficientemente garantida pelo estado geral da economia e da cultura".[275] Para transformar a igualdade num consenso, esta deve ser *real* — isto é, os

---

[274] "O direito à propriedade privada é assim o direito de usar e dispor dos próprios recursos de acordo com a vontade própria, sem considerar os outros homens, de forma independente da sociedade: o direito ao interesse próprio. (...) Ele leva cada homem a ver em outro não a *realização*, mas a *limitação* da própria liberdade" (Marx, 1992:229-230, grifos do original, "On the Jewish Question").

[275] Trotski, 1983:262.

Revolução política e democracia soviética   149

privilégios burocráticos devem ser reduzidos, não mantidos ou ampliados[276] —, e a prática concreta do stalinismo baseia-se nessa ampliação de privilégios. Para a implementação *política* do socialismo, o Partido — e sua burocracia — é indispensável como meio; mas a perpetuação dessa burocracia e de seus privilégios de função implica, a longo prazo, a falência do programa socialista, por comprometer suas fundações *sociais*; uma proposta igualitária abstrata não pode sobreviver indefinidamente ao aprofundamento de privilégios concretos:

> Sem uma economia planificada, a União Soviética seria lançada de volta ao atraso. (...) Nesse sentido, a burocracia continua a cumprir uma função necessária. Mas ela a cumpre de maneira a preparar uma explosão total do sistema que pode varrer os resultados da revolução (Trotski, 1983:285-286).

A lógica que impele essa explosão é a mesma da revolução permanente: do mesmo modo que o ideal burguês da igualdade formal implica necessariamente colocar o problema da igualdade real, o stalinismo, fundado num ideal político de igualdade real, não tem como sobreviver estavelmente como um socialismo "espartano" — isto é, como uma oligarquia coletivista de "iguais" dominando massas subordinadas; ou bem a burocracia avança em algum momento um passo à frente na direção da igualdade geral ou perde sua razão de ser. Perdida a legitimidade da burocracia, ela é substituída ou pelo aprofundamento da igualdade real (a revolução política) ou pelo retorno à ficção da igualdade formal (a restauração).

A preservação indefinida do Estado unipartidário como forma política do socialismo, a partir de um capital original de legitimidade política da Revolução de 1917, seria, segundo Trotski, impossível: num momento histórico futuro, o conteúdo real estouraria a casca

---

[276] Trotski, 1983:263.

da ficção política piedosa. *Precisamente por isso*, Trotski foi muito cauteloso quanto a utilizar a ideia da igualdade política e da democratização do regime como panaceia universal: o grau de democracia socialista *possível no campo político* teria de adaptar-se às condições *sociais* reais: propor a igualdade política absoluta numa sociedade em que as desigualdades sociais ainda fossem de monta seria abrir o caminho para a restauração burguesa. É o que ele aponta quando fala da chamada "Constituição Stalin" — a Constituição soviética de 1936, que oferecia uma série de liberdades democráticas no papel, as quais ficavam em sua quase totalidade sem aplicação debaixo do domínio *de facto* da burocracia; o problema, escreve Trotski, é que, mesmo que essas liberdades deixassem de ser meras ficções, estariam mais adaptadas a uma democracia liberal-burguesa do que a uma democracia socialista: por exemplo, a Constituição de 1936 previa o voto secreto, dispositivo que faz todo o sentido quando o cidadão necessita proteger seus interesses particulares da opressão de outrem — mas que não faria sentido numa situação em que a imensa maioria exerce o poder, pois "a *quem* exatamente deveria temer a população de um país socialista? (...) Se não existe (...) o temor dos exploradores, de quem é necessário defender os cidadãos soviéticos?".[277] Como escreve Trotski (1983:265), ao incluir o voto secreto em sua Constituição, Stalin reconhecia — hipocritamente que fosse — que o cidadão soviético comum tinha tudo a temer da burocracia.

Não se trata aqui de negar o valor do voto secreto — que desaparecerá naturalmente, quando tiver perdido sentido concreto;[278] trata-se, sim, apenas de reconhecer que, se o voto secreto é necessário, é porque ainda existe uma desigualdade social importante — e, com ela,

---

[277] Trotski, 1983:264-265.

[278] As origens históricas do voto secreto no Ocidente estão na Roma Republicana, onde ele existia como um meio de garantir a liberdade de ação dos eleitores comuns contra a influência do Senado (cf. Finley, 1991:43). Na Atenas Clássica, com suas relações mais igualitárias entre homens livres, ele não existia.

uma fissura entre o interesse geral e o interesse privado, o que deve ser levado em conta sempre que se quiser estabelecer limites concretos à participação política — muito especialmente de modo a impedir a livre reorganização de interesses propriamente contrarrevolucionários. Precisamente por isso, a democracia socialista não pode surgir como Atena da cabeça de Zeus — completa, com todos os seus atributos. Ela terá de passar por diversos estágios transitórios, desde que o movimento geral continue sendo uma cada vez maior *abertura* do debate político, não de sua *restrição*.

Isso dito, admitamo-lo: não sabemos exatamente o que poderia vir a ser a institucionalidade de uma democracia soviética — ponto final. Trotski propõe apenas o seguinte: o caráter autoritário do stalinismo *não* decorre de fatores subjetivos: o autoritarismo de intelectuais malevolentes em geral, as tradições autocráticas russas, a vocação ditatorial dos bolcheviques em particular: ele é um produto de circunstâncias sociais e históricas *objetivas*, nas quais a dominação de uma classe recebe determinada forma política — que seria outra, fossem diversas as circunstâncias. Para agir duradouramente sobre as instituições, é preciso agir sobre sua circunstância. Certos interesses objetivos poderiam impulsionar essa democratização na esteira de uma revolução política: uma elevação do nível cultural, a necessidade de uma administração mais transparente da economia etc. São estes fatores que tornarão a democratização viável — ou não —, e não a "mente bolchevique".

A ilusão política, no caso, vale para os dois lados do espectro ideológico: para os intelectuais reacionários, o autoritarismo do stalinismo sai da cabeça dos bolcheviques, e apenas dela; para os stalinistas, a legitimidade de seu regime como forma de construção do socialismo vinha de sua adesão piedosa aos valores do bolchevismo original: enquanto houver estátuas de Lenin em cada esquina, o socialismo está salvo. Dessa ilusão compartilhada pelos dois lados nasce o mito fundador do pensamento reacionário sobre a URSS, resumido em algumas palavras por Moshe Lewin (2005a:378): "um gulag gigante do princípio ao fim" governado por ideólogos fanáticos.

A partir de 1953 instituiu-se uma burocracia cada vez mais esclerosada[279] e sem qualquer propósito político subjacente, com o Partido funcionando mais como agência administrativa do que como aparelho ideológico.[280] A ausência de liderança política *stricto sensu* somada ao esgotamento da ideologia fundadora, resultado da passividade política geral do proletariado, tornava inevitável a captura desse aparato por uma ideologia rival e mais vivaz.

Durante o stalinismo, as tarefas concretas de modernização tornaram absolutamente necessárias a seleção e o desenvolvimento de uma burocracia tecnicamente qualificada. Porém, uma vez formada, essa burocracia tendia a pensar e agir em função de seus interesses particulares, principalmente seus privilégios de função, o que criou as condições para uma contestação potencial da legitimidade do mando do grupo de Stalin. Por isso, a prática repressiva de Stalin foi tão autodestrutiva para seu regime: por mais que tentasse constituir uma burocracia "leal", não podia confiar totalmente nela. Stalin foi, ao mesmo tempo, pai e algoz da burocracia.[281]

---

[279] "O radicalismo [stalinista] dos 1930 não durou. (...) Muito embora a política [soviética] nos anos 30 fosse populista, e mesmo subversiva, as exigências da II Guerra Mundial, combinadas à necessidade de administrar uma economia cada vez mais complexa, determinaram que o radicalismo e o antiburocratismo se perdessem no passado. (...) Comissariados tornaram-se ministérios, e o líder do Partido, primeiro-ministro e generalíssimo" (Getty, 1994:206). Uma análise da evolução política da URSS tem de socorrer-se na conceituação de Bourdieu. Sob o nome comum de "política", o que temos é um amálgama de atividades — ou "campos" — diversas: a ideologia, a atividade revolucionária, a administração burocrática etc. A história do stalinismo é, de certa forma, a de sua passagem de um "campo" a outro, do da ideologia e da militância revolucionária ao da administração burocrática, e não faz sentido avaliar toda a trajetória política soviética a partir das regras do "campo" original, como se este não houvesse mudado.
[280] Lewin, 2005a:349-350.
[281] Essa atenção especial da repressão stalinista sobre a *intelligentsia* encontra-se comprovada no provocativo trabalho de pesquisa sobre os arquivos soviéticos realizado pela equipe de J. Arch Getty (cf. Getty, Rittersporn e Zemskov, 1993), no qual se verifica que, no

Os sucessores de Stalin remediaram essa situação insustentável ao deixarem de perseguir preferencialmente a burocracia e, ao contrário, buscarem criar um sistema meritocrático, o qual, por sua vez, estimulava os interesses corporativos dos burocratas e os alienava da ideologia marxista oficial, que cada vez mais passou a ser honrada apenas protocolarmente. O grau de apatia ideológica vigente é ilustrado por Lewin (2005a:191-195) em sua descrição da prática do KGB — muito comum nos anos 1960/70 — de não encarcerar dissidentes, mas de adverti-los oficialmente de que suas atividades suspeitas estavam sendo monitoradas ("profilaxia") e, em caso de reincidência, apelar para procedimentos "conciliatórios", como a internação numa clínica psiquiátrica. Isso sugere que o modo de lidar com a oposição política passava muito mais pela *infantilização* (frequentemente violenta, é claro) dos opositores do que por sua demonização como "inimigos do povo". A ditadura continuava presente, mas sem os traços da histérica repressão em massa da era stalinista,[282] o que significa que a burocracia perdera toda e qualquer convicção ideológica militante. Em termos de convicção ideológica, o anticomunismo fanático dos grupos contemporâneos de consultores do Departamento de Estado é muito maior e exercido em tempo integral: os professores de Harvard possuem mais

---

Gulag de 1937, os segmentos mais educados da população encontravam-se sobrerrepresentados se comparados ao total da população soviética: 1% dos internos de 1937 tinha instrução superior contra 0,6% da população soviética, e 8,9% tinham instrução secundária contra 4,3% da totalidade da população. Contrariamente, os grupos populacionais menos educados encontravam-se sub-representados no universo prisional da época.

[282] Entre 1957 e 1985, o número de julgamentos por "atividades antissoviéticas" foi de 8.124 (Lewin, 2005a:191). Comparando às estatísticas — radicalmente desinfladas do grupo de Arch Getty, que trabalhou com evidências de arquivo — do período entre 1921 e 1953 (do fim da Guerra Civil à morte de Stalin), há um total de 799.455 execuções documentalmente atestadas, 681.692 (85,27%) das quais no paroxismo de repressão de 1937/38 (a *yezhovoschna*, expressão advinda do nome do chefe da polícia de Stalin à época, Yezhov). Comparados a essa aritmética macabra, 8.124 julgamentos são um índice de que a natureza da atividade repressiva encontrava-se radicalmente alterada (cf. Getty, Rittersporn e Zemskov, 1993).

154 Trotski diante do socialismo real

tempo e disposição para cultivar suas obsessões ideológicas do que os administradores do Plano Quinquenal.

Como já vimos, a ideologia é uma dimensão importante da vida humana, em geral, e do processo de tomada de decisão dos líderes soviéticos, em particular, mas não é a única: a militarização do trabalho proposta por Trotski em 1920 muito provavelmente diz mais sobre as condições pavorosas da Rússia soviética pós-Guerra Civil do que dos supostos desejos subjetivos de seu proponente de militarizar a sociedade, e a história real da URSS não se confunde com a história intelectual das ideias marxistas: muito pelo contrário, esta é a história do *afastamento* dos líderes de sua ideologia original.

Qual o sentido das análises de Trotski sobre o socialismo real? Em primeiro lugar, o de sustentar a necessidade de reformas propriamente políticas que restaurassem de alguma forma o compromisso do projeto bolchevique com seus objetivos originais; em segundo lugar, evitar a ilusão de que democracia e socialismo pudessem ser realizados essencialmente, não como princípios universais abstratos, mas como processos históricos ancorados no solo das realidades sociais concretas.

O grande desafio político com o qual Trotski defrontou-se no final da vida foi justamente este: evitar que seus seguidores, diante dos aspectos profundamente repugnantes do auge repressivo do stalinismo, quisessem resolver o problema real do que fazer com o experimento soviético não por meio da busca de soluções políticas concretas, mas por uma rejeição histérica de todo o experimento. Sem dúvida, tal tarefa exigiu bastante estoicismo "profissional" de sua parte. Sabendo-se um homem condenado,[283] e com a repressão de Stalin atingindo diretamente

---

[283] Após um primeiro atentado direto à sua vida em 24 de maio de 1940 (em que os assassinos — comandados pelo muralista Siqueiros — metralharam seu quarto), Trotski escrevia que, se ele e Natália Sedova haviam escapado escondidos debaixo da cama, talvez tal houvesse ocorrido porque "não perdemos a cabeça, não corremos pelo quarto afora, não gritamos ou pedimos por ajuda quando não fazia sentido fazer tal coisa" (Trotski, 1977b:235, "Stalin seeks my death", 8 jun. 1940). "O melhor título da natureza ao

sua família e seus correligionários mais próximos, ele fez questão de preservar a todo transe a objetividade intelectual diante do problema.

Durante seu exílio no México, Trotski continuou afirmando o caráter de classe do Estado soviético a despeito da indignação de seus seguidores diante dos traços mais revoltantes do stalinismo — especialmente do seu papel equívoco na diplomacia internacional da época, que terminaria por expressar-se no Pacto Molotov-Ribbentrop de 1939. No entanto, diz Trotski, no caso de uma guerra contra a URSS, não estaria em jogo um julgamento ético sobre Stalin e seus asseclas, mas o destino da ditadura do proletariado: "A vitória dos Estados imperialistas significaria o colapso não apenas da nova 'classe' exploradora (...), mas o declínio de toda a economia soviética ao nível de um capitalismo atrasado e semicolonial",[284] o que efetivamente aconteceu quando a burocracia stalinista, ao abraçar o capitalismo neoliberal crendo que o aceitava livremente, viu-se por ele tragada e grande parte de seu capital de poder e influência dizimado na nova "democracia".

Assim, a preservação dos ganhos sociais exigiria a aprovação — ainda que temporária e limitada — do regime stalinista. Trotski, bastante consciente da fraqueza do movimento que tentava organizar, acrescentou que aqueles que se deleitavam em condenações genéricas e incondicionais ao regime soviético faziam o papel ridículo do personagem da anedota: um homenzinho frágil que, furioso, pedia aos amigos: "Me segurem, senão faço alguma coisa terrível!"...[285]

A história humana não é a história das ideologias, pelo menos não na sua totalidade. Uma "arqueologia" das ideias só faz sentido na medida em que se refira, em algum momento, aos interesses concretos que as suscitaram — ainda que na famosa "última instância"

---

nosso reconhecimento é que, conhecendo todos os sofrimentos para os quais estávamos destinados na vida, para abrandar nossos padecimentos ela criou o hábito que nos familiariza com os mais rudes tormentos" (Sêneca, 1973).

[284] Trotski, 1985:35 ("Once again: the USSR and its defense", 4 nov. 1937).

[285] Ibid., p. 42 ("Once again: the USSR and its defense", 4 nov. 1937).

156 Trotski diante do socialismo real

de Engels ou na "contradição principal" de Mao Tsé-Tung — a uma questão concreta. Os militantes de esquerda não negam o valor dos sindicatos como instrumento de defesa da classe trabalhadora, muito embora haja sindicatos militantes e "pelegos". Segundo Trotski, porque a URSS foi o primeiro Estado operário da história existe a tendência a nos aproximarmos dela como norma abstrata — mas a URSS não é uma norma, e sim um fato histórico;[286] deve ser julgada no contexto de sua realidade histórica, e só os sectários — "aqueles que são revolucionários apenas na (...) imaginação"[287] — não o percebem.

A personalidade perversa (no sentido freudiano) de Stalin estava a serviço de interesses objetivos e se traduzia na capacidade de mimetizar as aspirações daqueles a quem manipulava. Stalin sempre representou a autossuficiência burocrática. Enquanto as massas foram o sujeito ativo da história da Revolução Russa, ele permaneceu na obscuridade, já que não tinha condições de manipulá-las eficientemente. Quando, por causa da exaustão generalizada, as massas desocuparam a cena principal, a burocracia desenvolveu a convicção de que já tinham cumprido sua missão ao colocá-la no poder. Stalin gradualmente descobriu que "seus impulsos secretos, seu caráter espontâneo, tinham finalmente encontrado um uso conveniente";[288] sua contribuição era sentir, desejar e agir do modo que seus capangas desejavam, e ele assim o fez de maneira absolutamente impiedosa.

Ainda assim, Stalin era insignificante, e o julgamento de Trotski a esse respeito era, em parte, produto da íntima convicção sobre seu próprio papel e relevância. Pode-se perfeitamente imaginar[289] o que Stalin

---

[286] Trotski, 1985:65-66 ("Not a Workers' and not a Bourgeois State?", 25 nov. 1937).

[287] Ibid., p. 68 ("Not a Workers' and not a Bourgeois State?", 25 nov. 1937).

[288] Ibid., p. 203-204 ("Behind the Moscow Trials", 3 mar. 1938).

[289] De fato, nem é preciso imaginar: em junho de 1937, Trotski já fizera um gesto demonstrativo ao mandar um telegrama do México ao Comitê Executivo do Soviete Supremo propondo a deposição de Stalin. O telegrama foi parar na mesa do Gensec, que rabiscou em cima algo como "cara de espião! Espião de Hitler sem vergonha!", antes de entregá-lo a seus sicários mais íntimos (Molotov, Voroshilov, Mikoyan e Zhdanov) para

Revolução política e democracia soviética   157

sentiu quando leu no boletim ilegal da Oposição de Esquerda, em pleno 1938 (quando sua repressão estava no auge da insanidade homicida), o artigo de Trotski comentando o último julgamento-espetáculo — o de Bukharin e seu grupo — em que uma das testemunhas — no habitual paroxismo de autoacusações fabricadas através de torturas, próprio desses eventos macabros[290] — alegava ter recebido uma ordem de Trotski, em 1920, para matar Stalin. O texto de Trotski dizia que, durante a Guerra Civil, conseguira remover Stalin duas vezes de seu posto, mediante uma simples ordem administrativa; e mais, que na época, com o poder ilimitado que tinha nas mãos, se houvesse desejado ficar definitivamente livre de Stalin, certamente o teria conseguido por meio de uma ordem assinada por ele ou por Lenin, mas que não se ocuparia de alguém que se limitava a tecer intrigas por baixo dos panos: "Uma das tarefas do presente julgamento (...) é dar a Stalin uma posição no passado que ele jamais ocupou".[291]

Stalin era uma expressão simbólico-fenomenológica do poder da burocracia, nem mais, nem menos. Por isso, não se justificava lidar com ele a partir do ódio histérico — expressão da idealização de uma suposta pureza prístina ontológica da Revolução Russa, que lhe retirava

---

que "abonassem" sua assinatura... Rogovin (1998:487-488), que comenta o episódio, escreve, desacorçoado, que "certamente" Stalin devia ter um "código" entre ele e seus assessores... Mas por que fazer com mais o que se pode fazer com menos? Stalin era um cafajeste vulgar cuja eminência histórica vinha de ser a expressão concentrada da vulgaridade de seu grupo (cf. Getty, 1994:205).

[290] O julgamento-show de março de 1938 — exatamente por tratar de Bukharin, exaliado de Stalin — foi, como diz Deutscher (2003c:332), um evento no qual, se "nos julgamentos anteriores a imaginação macabra dos produtores parecia ter chegado ao limite, [esses] julgamentos pareciam ensaios realistas diante da nova fantasmagoria. (...) O promotor e os acusados denunciaram Trotski como chefe da conspiração, que dessa vez incluía os bukharinistas, que tinham sido seus inimigos mortais. Trotski e os acusados foram apresentados como agentes não apenas de Hitler e do Mikado [imperador do Japão], mas também da Inteligência Militar Britânica, e até do 'Segundo Bureau' polonês. (...) A cada confissão, a conspiração não apenas aumentava e ultrapassava os limites da razão; ela recuava no tempo, até as origens do regime soviético, e até ao período anterior".

[291] Trotski, 1985:235 ("Anachronisms", 8 mar. 1938).

158 Trotski diante do socialismo real

a condição de evento histórico real. No entanto, pela mesma razão, não cabia também a atitude paternalista de uma opinião liberal bem-pensante, que via no stalinismo apenas um passo inevitável no caminho do socialismo, a ser tolerado e naturalmente superado.

Trotski, ao comentar as simpatias pró-Stalin de setores da intelectualidade liberal europeia e norte-americana da época, explica-as do seguinte modo: o liberalismo burguês, diante do endurecimento da luta de classes nos anos 1930, descobriu-se nu, sem ideias ou programa próprio diante da reação fascista em ascensão, e decidiu parasitar as realizações soviéticas para se defender. Para os "companheiros de viagem" intelectuais do bolchevismo — como o casal de fabianos ingleses, os Webb, hoje completamente esquecidos —, apoiar (platonicamente) Stalin era uma maneira de manter uma apólice de seguro contra o fascismo no exterior, sem correr os riscos subjacentes a uma revolução socialista em casa. Era também um modo, para esses intelectuais pequeno-burgueses, de "viver duas vidas em uma: uma existência cotidiana, no meio de interesses banais, e nas férias [soviéticas], outra existência capaz de elevar a alma"[292] — o que era, finalmente, um jeito de levar as massas europeias e americanas a defender, por tabela, uma ordem burguesa ideologicamente exausta.[293]

---

[292] Trotski, 1983:305.

[293] Note-se que um liberal assumido como Keynes, que achava que a ordem burguesa ainda valia a pena ser defendida enquanto tal, não caiu nessa armadilha: numa carta a seu amigo "companheiro de viagem", o jornalista Kingsley Martin (diretor do semanário *New Statesman*, para o qual o economista inglês contribuía), escrita durante os Grandes Expurgos, Keynes lembrava — contra a opinião de Amis, que parece ter acreditado na ficção de que os expurgos estavam dirigidos contra uma "quinta coluna" pró-nazista — que "não consigo conceber qualquer outra explicação [para os expurgos] senão a de que Stalin está engajado numa destruição sistemática do velho Partido Comunista". Muito coerentemente, o economista inglês concluía que, de seu ponto de vista, "há duas ideologias: a dos Estados totalitários (...) e a dos Estados liberais. Estes colocam a paz e a liberdade pessoal em primeiro lugar, e aqueles não a colocam em lugar nenhum" (Keynes, 1982:72-73, em 25 jul. 1937).

Tais apoios, por mais bem intencionados que fossem, acabavam legitimando a burocracia stalinista ao incorporá-la na teleologia liberal do movimento inevitável em direção à democracia e ao socialismo:

> Professores apoucados, poetastros, advogados sem clientela, viúvas entediadas e senhoras solitárias em geral começaram a achar, a sério, que suas amizades na embaixada soviética em Washington eram um serviço prestado aos interesses da Revolução de Outubro (...) Esperaram que a burocracia, através de sua benevolente cooperação, se tornasse respeitável e "humana". A fé no progresso ininterrupto e automático não deixou, até hoje, a cabeça dessas pessoas (...) mesmo diante do fato de que a pequeno-burguesia democrática, carne de sua carne, havia-se transformado na Alemanha, em poucos anos, em um braço do fascismo. Com mais razão ainda, eles são incapazes de entender a evolução maligna da burocracia stalinista (Trotski, 1985:277-278, "The priests of half-truth", 19 mar. 1938).

Para Trotski, a crença bem-intencionada na evolução gradual (e involuntária) do stalinismo para uma espécie de democracia socialista era absurda, outra forma do progressismo social-democrata e de suas crenças reformistas: do mesmo modo que as insuficiências da democracia burguesa exigem a revolução permanente, as insuficiências do stalinismo exigem a revolução política. Contrariamente ao que possa querer o entendimento vulgar do marxismo (e do liberalismo) — que vê no processo histórico uma ascensão ininterrupta e não intencional do individualismo e da democracia —, não há substituto possível para a política concreta.

No entanto, fica o problema sem solução: toda revolução vitoriosa *exige* uma burocracia — seus técnicos e ideólogos, intelectuais orgânicos e especialistas em legitimação. A degeneração burocrática do stalinismo era, em certa medida, inevitável, o que impõe a questão de se a Revolução Russa não teria sido, de certa forma, um erro... Contudo, a Revolução estoura como a culminação de um processo histórico, quando as massas populares não estão mais dispostas a tolerar as velhas formas de opressão. (...) A Revolução de Outubro deu um tremendo empurrão à consciência das massas populares. Despertou um espírito de independência e iniciativa nelas (Trotski, 1974b:43-44, "The meaning of the struggle against 'Trotskism'", 9 out. 1938).

Para Trotski, não existe momento histórico no qual o que foi adquirido se torne inarredavelmente permanente — ele se faz no entrelaçamento das questões estabelecidas involuntariamente (sociais e econômicas) e a exigência das soluções conscientes (políticas). Nesse sentido, a evolução histórica da humanidade é ao mesmo tempo a continuação da evolução natural e a sua negação. Ela não anda inevitavelmente para a frente; ao contrário, faz também retornos extremamente bruscos e bárbaros: a degeneração autoritária da Revolução Russa, somada à ascensão do fascismo na Europa a partir dos anos 1930, criou as condições para produzir o que Victor Serge e Ernest Mandel chamariam de "a meia-noite do século" — que culminaria no triênio 1940-42, que Mandel (1989:37) denominaria "os anos mais negros de nossa era".

Segundo Trotski, porém, o momento histórico estava aí, e era necessário fazer algo com ele. Do mesmo modo que não é possível negligenciar a brutalidade do stalinismo em proveito de seus aspectos socialmente progressistas, não cabe a postura oposta de jogar a Revolução Russa, por inteiro, na lata de lixo da história por seu caráter "prematuro", por haver "se antecipado" ao desenvolvimento espontâneo, social e político, da classe operária. Os interesses sociais da classe operária não são nada senão a partir do momento em que recebem uma forma política, e essa *forma política* depende da existência de um *partido*. Segundo Trotski, se compararmos o caso russo a outros casos de agitação social contemporânea em sociedades europeias — Alemanha, Áustria, Espanha —, veremos que todas tinham um grau prévio de desenvolvimento das forças produtivas e de participação política do

Revolução política e democracia soviética   161

proletariado nacional igual ou (muito) maior que a Rússia, mas essa agitação operária nunca se consubstanciou na tomada do poder. Portanto, a diferença é a presença do bolchevismo na Rússia, pois "ninguém jamais mostrou na prática, ou tentou provar articuladamente no papel, como o proletariado poderia tomar o poder sem a liderança política de um partido que saiba o que quer".[294]

Em outras palavras, o stalinismo apresentava, para Trotski, o mesmo problema que a revolução permanente: o de uma autonomia do campo político para além dos simples limites fixados pelo "desenvolvimento das forças produtivas", para utilizar o velho jargão mecânico marxista do final do século XIX e da II Internacional. O desenvolvimento econômico não é capaz, por si só, de superar as questões propriamente políticas, que permanecem como o elemento intencional da história humana nos termos do materialismo histórico.

Se a degeneração burocrática do stalinismo é um fenômeno propriamente político, e não apenas econômico, e se vamos tentar resolver essa questão apelando para a noção de autonomia do político, é preciso, para permanecer no campo marxista, evitar fugir ao economicismo mecânico para cair num voluntarismo moralizante extremo. É sobre esse tema a última polêmica de Trotski sobre o caráter social e político do stalinismo.

---

[294] Trotski, 1978:426 ("Stalinism & bolshevism", 29 ago. 1937).

VII
A natureza de classe do Estado soviético na última polêmica de Trotski

Durante seu exílio no México, a esperança política de Trotski — após a ascensão do fascismo, a derrota da Espanha republicana na Guerra Civil e o declínio da Frente Popular na França — residia na seção americana da IV Internacional, que acompanhava de perto, aproveitando-se da proximidade geográfica e do constante movimento de militantes trotskistas americanos que buscavam sua orientação política na "casa-fortaleza" que habitava no subúrbio da Cidade do México. O trotskismo chegou a ter presença significativa na cena cultural americana do final da década de 1930 e do início da de 1940,[295] mas uma importância *intelectual*, inversamente proporcional à sua penetração real no meio operário. Tratava-se de uma base política excepcionalmente frágil, composta de intelectuais pequeno-burgueses cujo motor político era principalmente a desilusão com os aspectos repugnantes da práxis política stalinista e que esperavam que o trotskismo provesse o "retorno" a uma Revolução Russa idealizada. Por isso, a história desse movimento é a da decadência sem apogeu, pontuada pelas constantes querelas intelectuais entre Trotski e seus "seguidores".

---

[295] Deutscher, 2003c:348.

164 Trotski diante do socialismo real

Como Freud, seu contemporâneo, Trotski tinha pouca paciência com os desvios do que julgava serem compromissos intelectuais básicos, e estava sempre pronto a desautorizar, brutalmente que fosse, os seguidores que incorressem nesses desvios doutrinários, mesmo que sua aceitação tácita pudesse traduzir-se numa maior popularidade dentro do movimento que dirigia. Daí o modo pouco "político" com que lidou com esse problema, o que se manifestou num legado de sectarismo que a partir desse momento ficou associado a seu movimento político. O desafio, no entanto, está em saber se esse sectarismo teórico era, de algum modo, politicamente justificável.

A querela começou no princípio de 1938, quando Trotski se defrontou com a idealização *ex post facto* do Levante de Kronstadt, cuja repressão brutal foi transformada, retrospectivamente, no pecado original do bolchevismo e no símbolo da rejeição burocrática de um ideal libertário. O problema, dizia Trotski, é que essa idealização tinha como matéria-prima as proclamações dos rebeldes — seus discursos, escritos e frases preservadas. Ora, para um marxista vale a frase de Marx: "Não se julga um homem pelo que diz de si mesmo". O valor das ideias políticas não está em seu conteúdo aparente, mas na articulação com o movimento social real. Trotski lembra que, se fôssemos tomar como "ouro puro" as profissões de fé dos líderes republicanos espanhóis da época, veríamos neles socialistas radicais, quando na verdade tratava-se de reformistas pequeno-burgueses;[296] do mesmo modo, as proclamações "libertárias" dos rebeldes de Kronstadt decorriam menos de seu compromisso com o socialismo do que da recusa a aceitar a necessidade política objetiva do momento: a subordinação à ditadura do proletariado.[297] O lema dos rebeldes — "sovietes sem comunistas" — expressava isso. Na Alemanha e na Áustria, os conselhos operários surgidos da Revolução de 1918 operavam livremente, sem a presença de comunistas

---

[296] Trotski, 1985:139 ("Hue and cry over Kronstadt", 15 jan. 1938).
[297] Ibid., p. 140 ("Hue and cry over Kronstadt", 15 jan. 1938).

A natureza de classe do estado soviético   165

e sob a direção da esquerda social-democrata local, apenas para serem posteriormente esmagados e eliminados pela Reação.[298]

É óbvio, continua Trotski, que o descontentamento dos rebeldes tinha causas reais — a miséria trazida pela Guerra Civil e as práticas violentas dos bolcheviques durante o período de requisições autoritárias de suprimentos dos camponeses, isto é, o comunismo de guerra —, mas grande parte desses problemas foi atacada pelos próprios bolcheviques com a reintrodução de políticas econômicas mais consensuais e pró-mercado no rastro da Nova Política Econômica (NEP). Porém, a adoção dessas políticas não acalmou imediatamente o ânimo dos rebeldes, reforçado pela fortaleza insurreta que se formou no meio do golfo, entre Petrogrado e a Finlândia, de onde a qualquer momento poderiam desembarcar forças contrarrevolucionárias para reativar uma guerra civil. Logo, nada mais natural que os bolcheviques resolvessem "considerar seu dever extinguir o incêndio assim que ele começou".[299] Uma vez que estava suficientemente "queimado" politicamente com a questão da militarização do trabalho e dos sindicatos, Trotski não participou diretamente da supressão do levante, mas expressou sua opinião sobre o fato:

> Não posso decidir *a posteriori* quem devia ter sido punido ou não (...) estou pronto a reconhecer que uma guerra civil não é uma escola de humanismo (...) os excessos fluem da própria natureza da revolução, que em si mesma é um "excesso" da história. Quem quiser pode a partir daí rejeitar a revolução em geral. Eu não a rejeito (Trotski, 1985:377-378, "More on the suppression of Kronstadt", 6 jul. 1938).

É esse o dilema de Trotski. O movimento bruto das "coisas", das práticas sociais concretas, só encontra solução num "excesso": a

---

[298] Trotski, 1985:141 ("Hue and cry over Kronstadt", 15 jan. 1938).
[299] Ibid., p. 143 ("Hue and cry over Kronstadt", 15 jan. 1938).

atividade intencional de uma liderança que ao mesmo tempo reforça e contradiz o movimento real no qual se apoia. O aparente paradoxo oferecido pelo Levante de Kronstadt, em que os mesmos operários e camponeses uniformizados em função de cujos interesses a Revolução de Outubro tinha sido feita, foram implacavelmente descartados pela mesma revolução ao recusarem a subordinação ao programa bolchevique, mostra que um movimento político e sua "discursividade" não são comensuráveis. Um programa político, diante de injunções sociais concretas, pode ser arrastado ou deixar-se arrastar para muito longe de seu ponto de partida. Assim, a repressão de Kronstadt não é necessariamente uma "traição" do bolchevismo ou uma expressão de seu caráter ontologicamente autoritário e disciplinário; ao mesmo tempo, as proclamações pela liberdade dos rebeldes de Kronstadt também não garantiam o caráter libertário de sua hipotética práxis efetiva. Michel Foucault, ao analisar o discurso das lideranças da Revolução Iraniana de 1979, cometeu erros políticos monumentais, que poderia ter evitado se prestasse mais atenção à ambiência social onde este discurso foi gerado.

Como diz Ernest Mandel (1979:101), a unidade entre práxis e ideologia, que para o marxista revolucionário se reflete na unidade entre teoria e prática revolucionária,

> é, certamente, uma meta muito difícil de alcançar, não se constituindo numa ação simples e quotidiana. É uma unidade tendencial, assintótica; uma unidade *perfeita* de realidade, consciência e transformação consciente da realidade não é possível, na realidade, aos seres humanos.

Mesmo assim, como afirma Žižek (2005:342), a transformação social real só se realiza de forma minimamente consciente quando passamos do jogo intelectual à ação efetiva: é o momento da verdade quando "o intelectual recebe de volta sua mensagem de forma invertida/verdadeira".

A natureza de classe do estado soviético   167

Após um pequeno intervalo, a querela recomeçou na esteira do Pacto Ribbentrop-Molotov, quando parte dos seguidores americanos de Trotski considerou que Stalin, ao aliar-se a Hitler, tinha-lhes fornecido a prova cabal de que a URSS não podia ser um Estado operário. Outro erro de avaliação, diria Trotski. Em si mesmo, o pacto era um desastre,[300] mas não porque revelava qualquer "identidade" entre Hitler e Stalin, e sim porque demonstrava a visão política limitada de Stalin: para preservar a paz e poder estender sua esfera de influência ocupando a Polônia oriental e os Países Bálticos, e assim ganhar tempo e espaço para melhorar a sua posição defensiva, ele ao mesmo tempo concordara em vender à Alemanha matérias-primas — o que pôs a URSS na posição de "intendente" de Hitler.[301] Stalin parecia considerar que qualquer vantagem material que oferecesse seria anulada pelo fato de que a Alemanha nazista ficaria de mãos atadas na frente ocidental. A rápida queda da França, em 1940, o faria perceber que o que ele havia concedido a Hitler fora uma oportunidade de controlar a Europa ocidental sem oposição e considerar uma agressão à URSS.[302] Seja como for, em 1939, ao tentar resguardar-se contra Hitler ocupando (com a permissão do mesmo Hitler, comprada em troca da Polônia) a costa do Báltico, Stalin encontrou, no entanto, a resistência da Finlândia e foi obrigado a retaliar, pois "o fato de Stalin querer evitar a guerra não quer dizer que a guerra permitirá a Stalin escapar".[303]

O ataque de Stalin à Finlândia, visando retificar a fronteira entre os dois países afastando-a para o oeste de Leningrado (que tinha deixado de ser a capital da União Soviética por sua quase impossibilidade

---

[300] "O que Trotski repudiava em Stalin não foi sua escolha de um aliado (...) mas que ele fizesse uma virtude da escolha e proclamasse solidariedade ideológica com qualquer parceiro do momento, [que] Stalin e Molotov exaltassem a amizade germano-soviética, 'cimentada com sangue'" (Deutscher, 2003c:372).

[301] Trotski, 1977b:79 ("Stalin-Hitler's Quartermaster", 2 set. 1939).

[302] Deutscher, 1982:436.

[303] Trotski, 1977b:117 ("The twin stars: Hitler-Stalin", 4 dez. 1939).

168 Trotski diante do socialismo real

de defesa contra um ataque vindo da Estônia ou da Finlândia), foi a deixa para que vários trotskistas americanos recomeçassem a negar o caráter socialista do Estado soviético e se alienassem do mesmo. Trotski reagiu lembrando que, em primeiro lugar, Stalin tivera o cuidado de, em todas as suas conquistas recentes, "ajustar seu regime social e político ao da URSS" pela expropriação e nacionalização do capital industrial e bancário e pela divisão das terras;[304] em segundo lugar, lembrando as consequências que uma derrota da URSS teria na luta internacional de classes: "não importa que crimes Stalin possa ter cometido — não podemos permitir que o imperialismo mundial esmague a URSS, restabeleça o capitalismo e transforme a terra da Revolução de Outubro numa colônia".[305]

As ocupações soviéticas da Polônia oriental, dos Estados Bálticos e de parte da Finlândia, realizadas à força, eram um triste sinal da decomposição do regime soviético, incapaz de exercer qualquer poder de cooptação sobre os países vizinhos, cuja situação política interna era de dominação mais ou menos ditatorial de oligarquias reacionárias e/ou de opressão nacional (como no caso dos ucranianos e bielorrussos da Polônia oriental) — sem falar, no caso finlandês, da existência de um movimento operário nacional poderoso que, ainda assim, não sentia nenhuma identidade com o regime soviético; mesmo assim, o problema concreto permanecia: o das posições estratégicas de defesa que Stalin desejava assegurar, implicitamente, contra Hitler.

É óbvio, dizia Trotski (1990:59-60), que a ocupação soviética da Finlândia não seria feita em benefício dos interesses políticos dos proletários finlandeses, muito pelo contrário: eles seriam submetidos à mesma condição de expropriação política que prevalecia na URSS como um todo, por meio da repressão homicida e dos julgamentos-espetáculo. Por mais que tal situação ofenda nossas abstratas suscetibilidades

---

[304] Deutscher, 2003c:372.
[305] Trotski, 1990:176.

A natureza de classe do estado soviético   169

democráticas, devemos lembrar que havia uma guerra, com posições concretas a serem tomadas por sujeitos humanos concretos. A derrota da URSS não levaria à emancipação política do proletariado finlandês ou de qualquer outro; apenas abriria o caminho para que esse proletariado caísse sob a dominação nazista. Utilizando um exemplo hipotético, Trotski (1990:58) expõe seu ponto de vista: se Hitler enviasse armas para camponeses indianos revoltados contra o domínio inglês, a tarefa da esquerda alemã seria a de garantir que essas armas chegassem a seu destino o mais rapidamente possível. É claro que idealmente os operários e camponeses finlandeses, ou do leste da Polônia, deveriam insurgir-se contra Hitler *e* Stalin; e tal insurreição poderia ser facilmente planejada no Bronx nova-iorquino, mas implementá-la seria um pouco mais difícil.[306] Os absolutos morais kantianos, aplicados à práxis concreta, apenas multiplicam os becos sem saída: nenhum revolucionário, por mais convencido que esteja da missão histórica do proletariado, pode achar que aquilo que os operários concretamente desejem a cada momento seja digno de ser apoiado. Ele não pode, por exemplo, apoiar uma greve de operários brancos contra a contratação de trabalhadores negros — deve ficar *contra* o movimento operário se e quando este assume uma posição criminosamente racista, oposta a qualquer projeto socialista; de forma aparentemente inversa, mas do mesmo modo, estar convencido do caráter degenerado do socialismo stalinista — assim como dos seus crimes reais contra sua vítima preferida, a classe operária organizada — não autoriza um revolucionário a ficar cego para as consequências de uma vitória de Hitler sobre a URSS; também neste caso, o interesse histórico de longo prazo da classe operária o obriga a opor-se às suas posições conjunturais.[307]

"Prometemos defender a URSS enquanto Estado operário, e apenas naquilo que há nela que diga respeito ao Estado operário",

---

[306] Trotski, 1990:87.

[307] Ibid., p. 29-30.

enuncia Trotski (1990:29). Confuso? Em 1940, o professor universitário americano James Burnham, ex-seguidor de Trotski, numa carta aberta, expôs a questão do seguinte modo: uma coisa é a revolução; outra, *falar* sobre a revolução. Sobre o "falar", o grande problema de Trotski parecia ser o de haver verbalizado a revolução com tanta perfeição — "a perfeição técnica da estrutura verbal (...) o ímpeto dinâmico de sua retórica, a expressão ardente de sua devoção invencível ao ideal socialista" —, a ponto de confundir a materialidade da mesma ("mais de 50 mortos, centenas de feridos") com a narrativa desses acontecimentos ("aquele céu, aquelas sombras, o céu azul, os cavalos rodopiando e os sabres brilhando"). O que Trotski fez foi uma confusão entre ciência e estilo,[308] entre realidade e ideal moral, entre as "palavras" e as "coisas".

Mas e se a confusão estiver... na própria realidade? Segundo Trotski (1990:123), a realidade social concreta, para um marxista, é o produto da atividade econômica, que é "atomizada, inconsciente, e local"; no entanto, o desenvolvimento das forças produtivas sob o capitalismo faz com que o que era trabalho de formiguinhas se torne o produto de tarefas e interesses conscientes e generalizados, isto é, faz com que as atividades econômicas entrem no reino da *política*, que se tornem "concentradas": as forças produtivas tornam-se atividade discursiva. O problema é que economia e política são incomensuráveis: a política não consegue dominar completamente a economia, e a economia força a política para além da intenção consciente, ao que a política reage tentando superar as consequências não intencionais, e assim por diante. A confusão entre ciência e estilo é a confusão entre economia e política, entre as condições reais de vida e a ideologia abstrata. Até certo ponto, a atividade política é uma vingança sobre os fatos, mas não se pode fazer política agindo contra os fatos.

---

[308] Cf. James Burnham, "Science & style", apêndice, apud Trotski (1990:187).

O marxismo como práxis deriva desta constatação: as condições objetivas em que vive a humanidade a partir da acumulação burguesa propiciam a emissão de um discurso sobre a governabilidade que não seja mais simples retórica, mas práxis. Esse discurso faz com que a igualdade real — ou algo próximo a ela — seja uma possibilidade objetiva, não mais uma utopia; dessa constatação deriva a elevação do proletariado à condição de sujeito desse processo. Mas essa discursividade não coincide com todo o real; ela precisa, a cada momento, ser atualizada para recobrar a validade com a práxis objetiva. É por isso que "a crise histórica da humanidade é uma crise de liderança revolucionária", dirá Trotski num contexto mais geral que o deste livro.

Mas se o discurso político aponta para além das condições objetivas presentes, ele não pode descolar-se inteiramente delas; a crítica mais impiedosa aos erros políticos do stalinismo não pode resolver-se na negação do bolchevismo, pois isso seria puro voluntarismo, uma negação da história em favor de categorias abstratas como democracia, burocracia, poder... Discutir o caráter de classe do Estado soviético era um refinamento teórico, dada a impotência concreta do movimento trotskista em mudar esse estado de coisas. Porém

> seria cegueira de nossa parte ignorar diferenças puramente teóricas e terminológicas, pois no curso dos desenvolvimentos futuros elas podem adquirir carne e sangue e levar a conclusões políticas diametralmente opostas. Assim como uma boa dona de casa jamais permite que teias de aranha e lixo se acumulem, um partido revolucionário não pode tolerar a falta de clareza, a confusão e os equívocos. É preciso manter a casa limpa! (Trotski, 1990:5).

Aceitar o regime soviético incondicionalmente a partir de seu caráter de classe originário é um economicismo oco, um culto do fato consumado; mas negá-lo histericamente em nome de um principismo político abstrato é igualmente vazio.

Portanto, que alternativa concreta nos resta?

CONCLUSÃO
A dialética, o regime stalinista
e as perspectivas do socialismo

Boa parte da polêmica sobre a natureza de classe do Estado soviético de Trotski com Burnham e outros de seus ex-seguidores americanos assumiu a forma estranha de uma discussão metodológica, em que Burnham censurava Trotski pela adesão à dialética hegeliana — que para ele, liberal pragmático na tradição filosófica americana, não passava de "generalizações vácuas, que nenhum humilde e inconveniente *fato* pode contestar (...) mundos serenos para sempre livres do grosseiro toque dos eventos cotidianos". Para Burnham, a dialética hegeliana não chegava sequer a ser o que pretende ser, uma "ciência da lógica", já que a lógica

> apenas estabelece as condições do discurso inteligível, que podemos "violar" ao preço de dizermos absurdos. Mas ninguém tem de conhecê-la para falar de forma sensata ou mesmo para ser um grande cientista empírico — de fato, [ela] é um saber altamente especializado, e, quando divorciado da realidade empírica, inútil.

Por isso, conclui Burnham (aliás, antes mesmo de seu ataque final), a discussão filosófica sobre lógica que Trotski parecia desejar "não nos

174 Trotski diante do socialismo real

colocará, sinto dizer, nem um pouco mais perto de uma solução para a questão do papel da Rússia na guerra [atual]".[309]

Sem entrar no mérito da discussão filosófica, é fácil ver que Burnham engajou-se com Trotski num exercício intelectual muito comum em intelectuais liberais que desejam contestar o marxismo — e, bem depois dele, Jon Elster e Richard Rorty, entre outros, tentariam provar a inanidade intelectual de Marx em termos bem semelhantes. O postulado dessa crítica é basicamente o de que o marxismo, ao propor como critério de validação de suas afirmações um sujeito abstrato e não empírico — o *Zeitgeist* hegeliano —, torna essas afirmações incontestáveis, na medida em que são improváveis: se a lógica exige afirmações inteligíveis referidas a uma realidade empírica existente *ex ante*, então o marxismo, com suas afirmações sobre o sentido último (e futuro, portanto não empírico) da história humana, simplesmente não faz sentido (o que seria aliás o título da *magnum opus* de Jon Elster, um tedioso exercício lógico em centenas de páginas para provar que Marx não sabia nada).

O problema — escreveu Trotski num conjunto de notas que rascunhava quando foi assassinado — é que a lógica não dialética reduz o empírico a mera experiência imediata, presentificada, e nega precisamente a *relação ativa entre o sujeito e o objeto* — o que inclui os projetos do sujeito, que faz parte da mesma realidade que observa e ao mesmo tempo influencia;[310] o empírico no sentido mais estreito é incapaz de dar conta do caráter histórico da experiência humana: um exemplo em política é a teoria do contrato social, que, no lugar de uma história do desenvolvimento das instituições políticas e sociais, coloca um mito etiológico de sua criação do nada.[311]

---

[309] Cf. James Burnham, "Science & style", apêndice, apud Trotski (1990:190-191).

[310] Trotski, 1977b:403 ("Dialectics and the immutability of the syllogism").

[311] Ibid., p. 400 ("Dialectics and the immutability of the syllogism").

Conclusão   175

Daí a ligação entre a discussão filosófica abstrata e o problema concreto da natureza de classe da URSS: o lógico pragmático, diante do stalinismo, quer resolver o problema de sua natureza mediante disjuntivas simples (ditadura do proletariado ou da burocracia? Socialismo ou não?) referidas ao momento presente, sem pensar na experiência histórica passada nem nos seus possíveis desenvolvimentos futuros: porém, simplesmente apor ao Estado soviético uma etiqueta empírica — seja de "socialismo", seja de "totalitarismo burocrático" — nada resolve, já que esses conceitos ficam pendurados no ar e nada nos dizem sobre os desenvolvimentos históricos possíveis.[312]

O próprio Trotski chegou a conceder a possibilidade de um desenvolvimento histórico que desse razão a seus adversários, dizendo que se à II Guerra Mundial o que sucedesse não fosse a Revolução Socialista — e com ela a derrubada do stalinismo — então ele teria de concordar que o stalinismo era apenas o primeiro estágio de um novo modo de dominação, de uma nova sociedade de classe baseada na propriedade coletiva burocratizada, e que "o programa socialista, baseado nas contradições da sociedade capitalista, terminou como uma Utopia"[313] — uma admissão dolorosa, "que só marxistas podem sentir em toda a sua trágica solenidade".[314] No entanto, a previsão de Trotski não se cumpriu da forma esperada. A Revolução Proletária mundial não ocorreu — mas o stalinismo não veio a ser, ele também, uma nova forma generalizada de dominação: perpetuou-se, devido à sua vitória contra o nazismo, por mais 40 anos na periferia do capitalismo, até ser reabsorvido por uma ordem burguesa global. A burocracia stalinista, que Burnham e outros queriam que fosse o embrião de uma "nova classe", só conseguiu transformar-se em classe — convertendo-se (ou pelo menos os mais afortunados dela) numa burguesia semicolonial,

---

[312] Trotski, 1990:54.
[313] Ibid., p. 9.
[314] Deutscher, 2003c:379.

176 Trotski diante do socialismo real

atrasada, autoritária e vulgar. Com tudo o que existe nele de diverso, socialmente nosso mundo globalizado é ainda algo que Trotski reconheceria com facilidade: uma sociedade capitalista mundial facilmente reconhecível como tal — e que não aponta para nada de "outro" além dela mesma.[315] O problema é que essa ordem burguesa não é mais pacífica ou estável por causa disso.

O fim do socialismo real, com tudo o que representa em termos de uma derrota histórica para a esquerda, é, paradoxalmente, também um sinal de alento. Na década de 1930, Trotski temia que a degenerescência do bolchevismo, combinada à ascensão do fascismo, pudesse levar à fusão generalizada do Estado com os monopólios capitalistas e à formação de uma dominação burocrática que significaria a restauração de uma sociedade institucionalmente desigual, de uma hierarquia de estamentos e castas que negaria a própria igualdade formal burguesa, no que seria "um regime de declínio, assinalando o eclipse da civilização";[316] seria a expressão do fato de que a superação do capitalismo só poderia cristalizar-se na troca de uma forma de opressão de classe por outra.[317] É aquilo que aparece não apenas em Trotski, mas em toda a mentalidade da época: a "burocratização do mundo" de Bruno Rizzi, a "revolução gerencial" de que Burnham falaria após sua ruptura com Trotski, as distopias de Aldous Huxley e George Orwell.

Ora, a História provou diversamente: o bolchevismo degenerado, bem ou mal, só conseguiu sobreviver por 70 anos enquanto se apoiou no capital acumulado de suas origens igualitárias; quando rompeu abertamente com elas, terminou como mero *episódio* histórico.[318] Desse episódio, no entanto, resta o fato de que a substituição do capitalismo por uma nova opressão de classe *não* parece ser uma opção: a

---

[315] Žižek, 2005:306.
[316] Trotski, 1990:9.
[317] Mandel, 1979:104.
[318] Trotski, 1990:9.

Conclusão 177

sociedade burguesa continua existindo — mas com ela a contradição entre a igualdade formal e a igualdade real que a acompanha desde suas origens. Nesse sentido, como diz Žižek, é que repetir o bolchevismo significa, acima de tudo, repetir o que ele não conseguiu fazer: levar o seu projeto libertário à sua conclusão.

O que a história do stalinismo mostra é a continuação e o aprofundamento da dinâmica da revolução permanente: nas condições da dominação burguesa, as ideias democráticas têm de ser levadas até as últimas consequências — ou perecerão; e é esse ideal libertário que o século XXI tem de recolher da beira da estrada em que foi abandonado.

A questão posta pela existência histórica do regime soviético e pelo seu fim é: uma ditadura do proletariado, do mesmo modo que não pode surgir do movimento espontâneo da classe operária, senão por intermédio de um partido, demandará também uma burocracia como uma necessidade objetiva; a simples existência de uma burocracia enquanto tal não é um pecado original da Revolução Russa. O problema — como Trotski implicitamente conclui — é que, precisamente por isso, a burocracia não é capaz de legitimar a si mesma; ela é um *meio* para chegar a um fim, e não um fim em si. Ela é a maneira pela qual o proletariado ascende à condição de classe universal, mediante a construção de um consenso hegemônico em seu interior e em relação às demais classes e segmentos de classe presentes (o campesinato, a *intelligentsia* pequeno-burguesa, os remanescentes da burguesia). Ora, o que o stalinismo fez, em sua evolução histórica concreta, foi torpedear esse consenso hegemônico em favor da pura e simples coerção. Ao fazer isso, a burocracia stalinizada perdeu sua *raison d'être*, aquilo que justificava sua existência na História — e foi simplesmente descartada. E é esse descarte impiedoso que funciona como um clarão que ilumina retrospectivamente a cena toda.

A degeneração autoritária do bolchevismo e sua queda não foram "necessárias", se por "necessário" entendermos uma teleologia no sentido aristotélico — uma causa final, um ponto de chegada contido no ponto de partida e que se confundia com ele. Em diversos momentos de

178 Trotski diante do socialismo real

sua história, houve a possibilidade de que um bolchevismo regenerado pudesse surgir:[319] ainda na década de 1960, se a "desestalinização" de Khruschev tivesse se aprofundado, a revolução política talvez houvesse ocorrido. Mas tal não ocorreu — tampouco a estabilização repressiva de uma nova sociedade de classe prevista pelos guerreiros frios da década de 1950. O que o fracasso do bolchevismo põe em termos de perspectivas históricas futuras, como dirá Žižek (2008:386), é que *o fracasso do bolchevismo só pode ser percebido a partir do lugar aberto pelo próprio bolchevismo* — como os aristocratas do Antigo Regime de Tocqueville (1982, passim), cuja perdição foi não terem agido como aristocratas, mas como um simples grupo de cortesãos privilegiados. O regime dos comissários do povo bolchevique caiu porque os comissários deixaram de ver-se e comportar-se como comissários do povo.

Seja como for, a tentativa falhou; mas o que fazer com isso? Talvez pensar como Trotski, que no auge da caça às bruxas de Stalin escreveu o seguinte: "Que ninguém nos diga: este é o fim a que a Revolução de Outubro nos levou! Seria o mesmo que dizer, diante da ponte do Niágara que recentemente caiu: este é o resultado de nossa luta contra a queda-d'água".[320] Se a Revolução de 1917 decorreu — aí sim — da necessidade inultrapassável de superar os impasses do capitalismo (especialmente a contradição entre "liberdade" formal e real), e se esses impasses ainda existem hoje, não há o que fazer senão reconhecer que o fracasso pretérito nos impõe a necessidade... de recomeçar a tentar.

---

[319] Conta Victor Serge (1951:230) que, durante os anos da luta fracionária no interior do Partido, num dia em que ele e seu colega oposicionista Chadaev haviam desanimado de discursar numa organização de base de Leningrado, quando o presidente declarou fechada a lista de oradores, "a sala até então silenciosa mexeu-se. Ouviram-se sussurros em torno: 'mas e vocês?' Chadaev levantou-se rindo (...) e estendeu a mão para pedir a palavra. E quando a moção final foi votada — quando de hábito votávamos sós contra 250 presentes — uma terceira mão levantou-se ao mesmo tempo que a nossa. Um jovem gráfico levantou-se: 'eles têm razão! Estou com eles!' Ele nos encontrou na rua. E foi ali que soubemos que uma quarentena de operários (...) estava pronta a apoiar-nos, mas que só o faria com garantias, pelo medo do desemprego".

[320] Trotski, 1985:251-252 ("A key to the Russian Trials", 10 mar. 1938).

REFERÊNCIAS

ARENDT, Hannah. *Eichmann em Jerusalém*. São Paulo: Cia. das Letras, 1999.

BARBIER, Diane (Org.). *Penser l'histoire*. Bréal: Rosny, 2007.

BAUMAN, Zigmunt. *Em busca da política*. Rio de Janeiro: Jorge Zahar, 2000.

BESSEL, Richard. *Germany after the First World War*. Oxford: Clarendon Press, 1995.

BROUÉ, Pierre. *Trotsky*. Paris: Fayard, 1988.

BURKE, Edmund. *Reflexões sobre a Revolução em França*. Brasília: UnB, 1997.

CHOSSUDOVSKY, Michel. *A globalização da pobreza*. São Paulo: Moderna, 1999.

COHEN, Stephen F. *Bujarin y la revolución bolchevique*. Madrid: Siglo XXI, 1976.

DAY, Richard B. *Leon Trotsky and the politics of economic isolation*. Cambridge: Cambridge University Press, 2004.

DERRIDA, Jacques. *Espectros de Marx*. Rio de Janeiro: Relume-Dumará, 1994.

DEUTSCHER, Isaac. 1984 — the mysticism of cruelty. In: _____. *Heretics and renegades, and other essays*. London: Hamish Hamilton, 1955.

_____. *Ironias da história*. Rio de Janeiro: Civilização Brasileira, 1968.

_____. *Stalin, a political biography*. London: Penguin, 1982.

_____. *The prophet armed*: Trotsky 1879-1921. London: Verso, 2003a.

_____. *The prophet unarmed*: Trotsky 1921-1929. London: Verso, 2003b.

_____. *The prophet outcast*: Trotsky 1929-1940. London: Verso, 2003c.

DUCELLIER, Kaplan et al. *Le Moyen Âge en Orient*. Paris: Hachette, 2006.

ERTMAN, Thomas. *Birth of the Leviathan*. Cambridge: Cambridge University Press, 1997.

FAUSTO, Ruy. Trotsky, a democracia e o totalitarismo. *Lua Nova*, n. 62, 2004. Disponível em: <www.scielo.br/scielo.php?script=sci_arttext&pid=S0102-64452004000200007>.

FIGES, Orlando. *A people's tragedy*. New York: Vintage, 1996.

FINLEY, Moses I. *Aspectos da Antiguidade*. Lisboa: Edições 70, 1989.

_____. *Politics in the Ancient World*. Cambridge: Cambridge University Press, 1991.

_____. *Democracy ancient and modern*. New Brunswick: Rutgers University Press, 1996.

Referências 181

FITZPATRICK, Sheila. *Everyday stalinism*. New York: Oxford University Press, 2000.

FREUD, Sigmund. Psicologia de grupo e a análise do Ego. In: _____. *Edição standard brasileira*. Rio de Janeiro: Imago, 1996. v. XVIII.

GETTY, J. Arch. *Origins of the Great Purges:* The Soviet Communist Party reconsidered, 1933-1938. Cambridge: Cambridge University Press, 1994.

_____; RITTERSPORN, Gabor T.; ZEMSKOV, Viktor N. Victims of the Soviet Penal System in the pre-war years: a first approach on the basis of archival evidence. *The American Historical Review*, v. 98, n. 4, p. 1017-1049, Oct. 1993.

GRAMSCI, Antonio. *Cadernos do cárcere*. Ed. Carlos Nelson Coutinho. Rio de Janeiro: Civilização Brasileira, 1999-2001. 6 v.

HARMAN, Chris. *The lost revolution*: Germany 1918 to 1923. Chicago: Haymarket, 2003.

HAYNES, Mike. *Russia*: Class and power 1917-2000. London: Bookmarks, 2002.

HOBSBAWM, Eric. *A era dos extremos*. São Paulo: Cia. das Letras, 1997.

HUFTON, Olwen. *Europe*: Privilege and protest, 1730-1789. San Francisco: Wiley-Blackwell, 2000 (Blackwell Classics Histories of Europe).

KAGARLITSKY, Boris. *A desintegração do monólito*. São Paulo: Unesp, 1993.

KENEZ, Peter. The prosecution of Soviet history: A critique of Richard Pipes' The Russian Revolution. *The Russian Review*, v. 50, 1991.

KEYNES, J. M. A short view of Russia. [1925]. In: _____. *Essays in persuasion*. New York: WW Norton, 1963.

182 Trotski diante do socialismo real

_____. *The collected writings of J.M. Keynes*. London: Macmillan/ Cambridge University Press, 1980. v. XXVI.

_____. *The collected writings of J.M. Keynes*. London: Macmillan/ Cambridge University Press, 1982. v. XXVIII.

_____. Trotsky on England. In: _____. *Essays in biograph*. London: Macmillan/Cambridge University Press, 1985.

_____. *The general theory of employment, interest and money*. London: Macmillan/Cambridge University Press, 1986.

LAKATOS, Imre. *The methodology of scientific research programmes*. Cambridge: Cambridge University Press, 1986.

LENIN, Vladimir Ilitch. *Collected works*. Moscou: Progress, 1977. v. 32.

_____. *Collected works*. Moscou, Progress, 1977. v. 36.

_____. *Collected works*. Moscou: Progress, 1982. v. 31.

LEWIN, Moshe. *The Soviet century*. London: Verso, 2005a.

_____. *Lenin's last struggle*. Ann Arbour: University of Michigan Press, 2005b.

LORGNON, Jean (Ed.). *Mémoires de Louis XIV*. Paris: Tallandier, 2001.

MALRAUX, André. Trotsky. In: TROTSKY, Leon. *Writings of Leon Trotsky 1933-34*. New York: Pathfinder Press, 1979. Apêndice.

MANDEL, Ernest. *Trotski*. Um estudo sobre a dinâmica do seu pensamento. Rio de Janeiro: Zahar, 1979.

_____. *Marxismo revolucionário atual*. Rio de Janeiro: Zahar, 1981.

_____. *O significado da Segunda Guerra Mundial*. São Paulo: Ática, 1989.

Referências 183

MARCUSE, Herbert. *Le marxisme soviétique*. Paris: Gallimard, 1963.

MÁREK, Franz. Sobre a estrutura mental de Stalin. In: HOBSBAWM, Eric (Org.). *História do marxismo*. Rio de Janeiro: Paz e Terra, 1986. v. 7.

MARX, Karl. The Eighteenth Brumaire of Louis Bonaparte. In: _____. *Surveys from exile*. Edição de David Fernbach. Tradução inglesa de Ben Fowkes. London: Penguin, 1977.

_____. *Early writings*. London: Penguin, 1992 ("On the jewish question").

_____; ENGELS, Friedrich. *The german ideology*. Moscou: Progress Publishers, 1976.

_____; _____. *Manifesto comunista*. Tradução de Álvaro Pina. Prefácio de Osvaldo Coggiola. São Paulo: Boitempo, 1998.

McNEAL, Robert. As instituições da Rússia de Stalin. In: HOBSBAWM, Eric (Org.). *História do marxismo*. Rio de Janeiro: Paz e Terra, 1986. v. 7.

NIETZSCHE, Friedrich. Considerações intempestivas. In: BARBIER, Diane (Ed.). *Penser l'histoire*. Rosny: Bréal, 2007.

PIPES, Richard. *Russia under the Bolshevik Regime*. New York: Vintage, 1995.

POLANYI, Karl. *A grande transformação*. Rio de Janeiro: Campus, 1980.

REZENDE, Arthur. *Phrases e curiosidades latinas*. Rio de Janeiro: [s.e.], 1918.

ROBESPIERRE, Maximilien de. *Discursos e relatórios na Convenção*. Rio de Janeiro: Uerj/Contraponto, 1999.

ROGOVIN, Vadim Z. *1937 — The year of Stalin's Terror.* Oak Park: Mehring Books, 1998.

ROSDOLSKY, Roman. *Zur Nationalen Frage* — Frederich Engels und das Problem der geschichtlosen' Völker. Berlin: Olle & Wolter, 1979.

SAID, Edward. *Orientalismo.* São Paulo: Cia. das Letras, 1990.

_____. *The question of Palestine.* New York: Vintage Books, 1992.

_____. *The politics of dispossession.* New York: Vintage Books, 1995.

SAINT-SIMON (Louis de Rouvroy, Duque de). *Mémoires 1691-1701.* Paris: Pléiade, 1983.

SAINTE CROIX, G. E. M. de. *The class struggle in the Ancient Greek World.* London: Duckworth, 1983.

SALVADORI, Massimo L. A crítica marxista ao stalinismo. In: HOBSBAWM, Eric (Org.). *História do marxismo.* Rio de Janeiro: Paz e Terra, 1986. v. 7.

SCHUMPETER, Joseph Alois. *Capitalismo, socialismo e democracia.* Rio de Janeiro: Zahar, 1984.

SEGRILLO, Ângelo. *O declínio da URSS* — um estudo das causas. Rio de Janeiro: Record, 2000.

SERGE, Victor. *Mémoires d'un révolutionnaire 1901-1941.* Paris: Seuil, 1951.

SERVICE, Robert. *A history of Twentieth Century Russia.* London: Penguin, 1997.

SOUVARINE, Boris. *Staline*: aperçu histoirique du bolchevisme. Paris: Gerard Leibovici, 1985.

SPIVAK, Gayatri Chakravorty. Can the subaltern speak? In: NELSON, Cary; GROSSBERG, Lawrence (Eds.). *Marxism and the interpretation of culture*. Chicago: University of Illinois Press, 1988.

SUBTIL, José. Os poderes do centro. In: MATTOSO, José (Dir.). *História de Portugal*. Lisboa: Estampa, 1993. v. 3.

SUNY, Ronald G. Revision & retreat in the historiography of 1917: Social history and its critics. *The Russian Review*, v. 53, Apr. 1994.

_____. *The soviet experiment*. Oxford: Oxford University Press, 1998.

THOMPSON, E. P. *The making of the English working class*. London: Penguin, 1979.

THURSTON, Robert W. *Life and Terror in Stalin's Russia 1934-1941*. New Haven: Yale University Press, 1996.

TOCQUEVILLE, Alexis de. *Souvenirs*. Paris: Gallimard, 1978.

_____. *O Antigo Regime e a Revolução*. Brasília: UnB, 1982.

VEYNE, Paul. *Le pain et le cirque*. Paris: Seuil, 1976.

_____. *Comment on écrit l'histoire*. Paris: Seuil, 1978.

_____. *Les grecs ont-ils cru à leurs mythes?* Paris: Seuil, 1983.

_____. Humanitas: romanos e não romanos. In: GIARDINA, Andréa (Ed.). *O homem romano*. Lisboa: Presença, 1992.

_____. *L'Empire Gréco-Romain*. Paris: Seuil, 2005.

WEBER, Max. *Parlamento e governo na Alemanha reordenada*. Petrópolis: Vozes, 1993.

WILSON, Edmund. *To the Finland Station*. New York: Farrar Strauss & Giroux, 1985.

WOOD, Ellen Meikisins. *Citizens to lords*. London: Verso, 2008.

ŽIŽEK, Slavoj. *Às portas da revolução*. São Paulo: Boitempo, 2005.

_____ (Ed.). *Trotsky's Terrorism and communism*. London: Verso, 2007.

_____. *A visão em paralaxe*. São Paulo: Boitempo, 2008.

Obras de Trotski

TROTSKI, Leon. *Stalin*. London: Hollis & Carter, 1947 [publicação póstuma].

_____. *Histoire de la Révolution Russe*. Paris: Seuil, 1950. v. 1.

_____. *Writings of Leon Trotsky 1934-35*. New York: Pathfinder Press, 1974a.

_____. *Writings of Leon Trotsky 1938-39*. New York: Pathfinder Press, 1974b.

_____. *Terrorism and communism*. London: New Park, 1975a.

_____. *Writings of Leon Trotsky 1930*. New York: Pathfinder Press, 1975b.

_____. *Writings of Leon Trotsky 1935-36*. New York: Pathfinder Press, 1977a.

_____. *Writings of Leon Trotsky 1939-40*. New York: Pathfinder Press, 1977b.

_____. *Writings of Leon Trotsky 1936-37*. New York: Pathfinder Press, 1978.

_____. *Writings of Leon Trotsky 1933-34*. New York: Pathfinder Press, 1979.

_____. *The Challenge of the Left Opposition 1923-25.* New York: Pathfinder, 1980a.

_____. *The Challenge of the Left Opposition 1926-27.* New York: Pathfinder, 1980b.

_____. *The Challenge of the Left Opposition 1928-29.* New York: Pathfinder, 1981a.

_____. *How the Revolution Armed*: The military writings and speeches of Leon Trotsky. London: New Park, 1981b. 5 v.

_____. *Writings of Leon Trotsky 1932.* New York: Pathfinder Press, 1981c.

_____. *The revolution betrayed. [1936].* New York: Pathfinder Press, 1983.

_____. *Writings of Leon Trotsky 1937-38.* New York: Pathfinder Press, 1985.

_____. *My life.* Penguin, 1988.

_____. *In defense of marxism.* New York: Pathfinder Press, 1990 [publicação póstuma].

_____. *Writings of Leon Trotsky 1930-31.* New York: Pathfinder Press, 1993.

_____. Noventa anos do *Manifesto comunista.* In: MARX, Karl; ENGELS, Friedrich. *Manifesto comunista.* São Paulo: Boitempo, 1998.

GUIA CRONOLÓGICO

1920 | Trotski organiza os "exércitos do trabalho" (fev.) e defende a militarização dos sindicatos no IX Congresso do Partido (mar./abr.) com o apoio de Lenin, que, concomitantemente ao término da guerra com a Polônia (12 out.), e da Guerra Civil (15 nov.), passa a reagir contra a radicalização das posições militaristas de Trotski no campo sindical (novembro).

1921 | Debate sobre os sindicatos (jan./fev.). X Congresso do Partido (8 a 16 mar.), coincidindo com a Revolta de Kronstadt (1 a 18 mar.); proibição de frações organizadas. Início da NEP (março). Revolta de Tambov (outono de 1920/verão de 1922). Saúde de Lenin começa a inspirar cuidados (dezembro).

1922 | Stalin secretário-geral (abril). Primeiro derrame de Lenin (26 maio), que o deixa temporariamente hemiplégico e afásico. Lenin propõe a Trotski um "bloco contra o burocratismo" (nov.). Lenin começa a perder a confiança em Stalin por seu papel numa luta interna no Partido georgiano; sofre dois ataques em 13 de dezembro, novamente hemiplégico em 22 e 23 de dezembro. Redação do testamento político (23 a 31 dez.).

1923 | Lenin faz um adendo ao seu testamento e propõe a remoção de Stalin (4 jan.). Pede a Trotski que se pronuncie publicamente contra Stalin (5 mar.). Carta de ruptura de relações com Stalin (6 mar.). Novo derrame e invalidez permanente de Lenin (10 mar.). Trotski declina a oportunidade de atacar Stalin (6 mar.). Carta do "Grupo dos 46", sustentando as posições de Trotski (15 out.). Trotski censurado pelo Bureau Político (19 out.) e pelo pleno do Comitê Central (26 out.).

1924 | Morte de Lenin (21 jan.). Começa a campanha contra o trotskismo (jun.).

1925 | Trotski demite-se do Comissariado da Guerra (15 jan.) e permanece em silêncio obsequioso. Zinoviev e Kamenev, sustentados pelo aparelho do Partido em Leningrado, entram em conflito com Stalin e Bukharin (out.) e são derrotados no XIV Congresso do Partido (18 a 31 dez.).

1926 | Aberturas de Bukharin a Trotski (jan.). Expurgo do aparelho em Leningrado (jan./fev.). Oposição Unificada de Zinoviev/Trotski (abr.). A Oposição dispõe-se a renunciar à atividade fracionária (16 out.); ataques públicos de Stalin à Oposição; Trotski e Zinoviev afastados do Bureau Político (23 a 26 out.).

1927 | Redação da Plataforma da Oposição (ago.). Zinoviev e Trotski expulsos do Comitê Central (21 a 23 out.). Manifestação oposicionista malsucedida em Moscou (7 nov.). Trotski e Zinoviev expulsos do Partido (15 nov.). Suicídio de Yoffe (16 nov.). Capitulação de Zinoviev e Kamenev (10 dez.).

1928 | Trotski banido ao Cazaquistão (17 jan.).

1929 | Trotski expulso da URSS (12 fev.). Stalin pede a liquidação dos *kulaks* como classe (27 dez.).

1934 | Últimas capitulações dos líderes da Oposição deportados dentro da URSS (fevereiro). Assassinato de Kirov (1 dez.) — prisões, autocríticas, deportações e execuções.

1935-36 | Trotski na Noruega (18 jun. 1935); escreve *A revolução traída*. Primeiro Processo de Moscou (19 a 24 ago. 1936). Zinoviev e Kamenev são executados.

1937 | Trotski no México (9 jan.). Segundo Processo de Moscou (23 a 30 jan.). Paroxismo da repressão stalinista. Trotski tem sua inocência das acusações stalinistas atestada pela Comissão Dewey (13 dez.).

1938 | Terceiro Processo de Moscou (2 a 13 mar.). Bukharin é executado.

1939 | Pacto Molotov-Ribbentrop (22 ago.). Incorporação da Polônia oriental à URSS (out.) e ataque soviético à Finlândia (30 nov.).

1940 | Primeiro atentado a Trotski (24 mar.). Incorporação dos Países Bálticos à URSS (3 a 6 de agosto). Assassinato de Trotski (20 ago.).

1941 | Hitler invade a URSS (22 jun.); contra-ataque soviético esmaga ofensiva alemã sobre Moscou (5 dez.).

1953 | Morte de Stalin (5 mar.).

1956 | "Discurso secreto" de Khruschev (fev.).

1964 | Deposição de Khruschev (14 out.).

1986 | Gorbachev propõe a *Perestroika* (fev.).

1991 | Extinção da URSS (25 dez.).

GLOSSÁRIO

Bundista | Membro do Bund, União Judaica Trabalhista da Lituânia, Polônia e Rússia. Movimento que funcionava informalmente como seção judaica e de língua *yíddish* da social-democracia internacional, organizado em 1897. Teve negada a sua pretensão de exclusividade de representação dos operários judeus no II Congresso do Partido Social-Democrata Russo em 1903, retirando-se do congresso. Permaneceu muito ativo internacionalmente até pelo menos a década de 1930, por meio de uma série de organizações culturais, beneficentes e recreativas (como a Associação Scholem Aaleichem — ASA — brasileira) que tinham em comum a defesa da autonomia cultural judaica e o antissionismo.

Bukharin, Nicolai Ivanovitch (1888-1938) | Bolchevique desde 1906, comunista de esquerda nos primeiros anos do regime soviético, torna-se líder e teórico da direita do Partido e segundo personagem do Estado e da Internacional durante os primeiros anos do regime stalinista. Após a coletivização, relegado ao limbo político como (suposto) chefe da "Oposição de Direita". Após longos anos de sevícias morais por parte de Stalin, foi condenado e executado no último grande julgamento-espetáculo de 1938. Último dos velhos bolcheviques, formalmente reabilitado durante a *Prestroika*.

194 Trotski diante do socialismo real

Deutscher, Isaac (1907-1967) | Ativista marxista polonês, membro do PC da Polônia de 1926 a 1932. Simpático à Oposição de Esquerda, manteve-se próximo ao movimento trotskista, mas opôs-se à formação da IV Internacional, preferindo raciocinar politicamente em termos de uma "leal oposição" que empurrasse o stalinismo à adoção de posições reformistas. Essa postura permeou sua obra de publicista político, principalmente nas biografias que escreveu de Stalin e Trotski. Emigrou para a Inglaterra em 1939, onde permaneceu até o fim da vida.

Grande Expurgo | Nome dado às diversas campanhas de repressão política em larga escala orquestradas por Stalin entre 1936 e 1938, cujos principais episódios públicos foram o I Julgamento de Moscou (ou "Julgamento dos 16"), em agosto de 1936, o II Julgamento de Moscou (ou "Julgamento dos 17"), em janeiro de 1937; o julgamento secreto dos generais do Exército Vermelho, em junho de 1937; e o III Julgamento de Moscou (ou "Julgamento dos 21"), em março de 1938, ocorridos sobre o pano de fundo de delações, detenções, execuções e deportações generalizadas.

Kamenev, Lev Borisovitch (1883-1936) | Bolchevique desde 1901, cunhado de Trotski. Alia-se a Stalin e Zinoviev contra ele, para depois se aliar a Trotski e Zinoviev contra Stalin. Após uma série de capitulações humilhantes, é feito réu no primeiro grande julgamento-espetáculo de 1936 e executado.

Kerensky, Alexander Fyodorovich (1891-1970) | Advogado, foi membro da direita do Partido Socialista Revolucionário russo entre 1905 e 1912, quando ingressou no Partido Trabalhista Russo e foi eleito para a Duma de Estado. Foi ministro da Justiça do Governo Provisório e, em maio de 1917, ministro da Guerra, e depois, chefe do mesmo governo. Após a revolução bolchevique, fugiu para os Estados Unidos, onde residiu até a morte.

Kirov, Sergei Mironovich (1888-1934) | Velho bolchevique devotado a Stalin, dirigente do Partido em Leningrado, morto num assassinato obscuro por um certo Nikolaev.

Knute | Chicote. Ou, mais exatamente, um chicote de couro trançado usado na Rússia imperial para castigos públicos. Estereótipo de uma sociedade "oriental" onde o poder político baseia-se na pura coerção.

Kollontai, Alexandra Mikhailovna (1872-1952) | Originalmente menchevique, liga-se a Lenin em 1915, quando estava exilada nos Estados Unidos. Durante os primeiros anos do regime soviético, será a grande propagandista do feminismo dentro do bolchevismo. Em 1920, será uma das organizadoras da Oposição Operária, que tenta a democratização pela base do Partido Bolchevique. Acaba por submeter-se ao stalinismo e encerra sua vida pública no exercício de cargos diplomáticos menores.

Mandel, Ernest (1923-95) | Ativista trotskista belga de origem alemã, dirigente do Secretariado Unificado da IV Internacional, autor de *Capitalismo tardio*.

Monotelismo | Doutrina teológica adotada pelo patriarca de Constantinopla Sérgio no século VII, que considerava que Cristo possuía duas naturezas (humana e divina), mas apenas uma vontade (*telos*) divina. Tentativa de compromisso da posição cristológica ortodoxa adotada pelo Concílio de Calcedônia com a posição da heresia monofisita (que sustentava que Cristo possuía apenas uma natureza divina), sustentada na chamada *Ekhtésis* ("exposição") afixada nas portas da Igreja de Santa Sofia.

Mujique | Camponês. Ou, mais exatamente, um camponês russo como expressão dos estereótipos a respeito da "alma russa" (embriaguez, misticismo, melancolia, comportamento bipolar etc.).

NEP | Nova Política Econômica adotada em substituição ao Comunismo de Guerra no X Congresso do Partido Bolchevique (1921), com a instituição de uma taxa em espécie sobre explorações camponesas em substituição às requisições forçosas, aceitação da existência de empresas privadas e retorno ao padrão-ouro monetário.

Persimfans | Abreviação de *Pervïy Simfonicheskiy Ansambl' bez Dirizhyora* (Primeira Orquestra Sinfônica sem Maestro), criada por Lev Tseitlin em 1922 e atuando em Moscou até 1932.

Revolução permanente | O conceito foi desenvolvido por Trotski em várias obras a partir de *Balanço e perspectivas* (1907-09). Trata de uma "permanência" da revolução, principalmente nas condições do capitalismo periférico (mas não apenas nelas), que se expressa tanto na continuidade do processo revolucionário burguês numa fase socialista, quanto na continuidade das revoluções socialistas nacionais numa revolução socialista mundial.

Rudzutak, Jan (1887-1938) | Operário letão, bolchevique desde 1906, presidente do Conselho Central Pan-Russo de Sindicatos em 1920/21, membro do Comitê Central do Partido de 1920 a 1937. Preso em 1937 e executado.

Sapronov, Timofei Vladimirovich (1887-1939) | Pintor de construção, militante bolchevique desde 1911, "centralista democrático", membro transitório da oposição unificada. Expulso do Partido em 1927, capitula, e é de novo expulso em 1932. Morre na prisão.

Smirnov, Vladimir Mikhailovich (1887-1937) | Economista, bolchevique desde 1907, dirigente partidário em Moscou em 1917, comunista de esquerda em 1918, membro da Oposição Militar, contrária ao emprego de oficiais tsaristas no Exército Vermelho. Ligou-se aos "centralistas democráticos" de Sapronov. Membro da Oposição Unificada em 1926, foi expulso do Partido no ano seguinte. Morre na prisão.

Uglanov, Nikolai Aleksandrovich (1886-1940) | Bolchevique desde 1907, stalinista, ligado a Bukharin, é excluído do Partido em 1932, preso em 1936 e executado na prisão.

Yezhov, Nikolai Ivanovich (1895-1940) | Chefe da Polícia Política Soviética (NKVD) de 1936 a 1938, durante o auge dos expurgos stalinistas. Foi afastado do cargo, denunciado, preso e executado por seu sucessor, Beria.

Yoffe, Adolph Abramovich (1883-1927) | Oriundo de uma família abastada de judeus caraítas da Crimeia. Militante desde 1903, estudou em Zurique e Berlim, conheceu Trotski em 1906, em Viena, quando fazia tratamento psicanalítico com Alfred Adler. Adere ao bolchevismo com Trotski em 1917, exercendo depois uma movimentada carreira como diplomata soviético. Membro da Oposição de Esquerda, doente cardíaco, suicida-se ao ter sua permissão para tratamento médico no exterior negada por Stalin. Recebe elogio fúnebre de Trotski, no que seria seu último discurso na URSS.

Zinoviev, Grigori Evséievíteh (1883-1936) | Bolchevique desde 1903, colaborador próximo de Lenin. Após sua morte, aliou-se a Stalin, e depois a Trotsky e Kamenev contra Stalin. Capitula a Stalin junto com Kamenev, com o qual será executado no julgamento-espetáculo de 1936.

Žižek, Slavoj (n. 1949) | Filósofo, especialista em filosofia hegeliana, marxismo e psicanálise lacaniana. Pesquisador sênior da Universidade de Liubliana (Eslovênia).

Este livro foi composto em Sabon, Kremlin e Helvetica
Neue, e impresso em papel offset 75 gramas nas
oficinas da Imos Gráfica e Editora, no Rio de Janeiro,
em setembro de 2010, 70 anos após o assassinato
de Trotski (20 ago. 1940).